Band 1

Wir auf Föhr persönlich

Bekannte und unbekannte
Autoren erzählen

NordenMedia

Herausgeber: Uwe Asmussen, Wyk

Printed in Germany · 1. Auflage (1 - 3 000 St.)

Herstellung: Clausen + Bosse, Leck
Layout, Satz und Litho: Grafikbüro H. Bickel, Wyk
Die Fotos wurden von den Autoren zur Verfügung gestellt.

Die Deutsche Bibliothek – CIP Einheitsaufnahme
Ein Titeldatensatz dieser Publikation ist bei
Der Deutschen Bibliothek erhältlich

ISBN 3-935347-06-5

Inhalt

Dr. Helmut Finke

Meine erste ärztliche Tätigkeit auf Föhr nach dem Kriege

Aus der Gefangenschaft kommend, durfte ich nach vielen Jahren des Krieges mit Einsätzen als Bataillonsarzt an der Ostfront meinen Fuß zum ersten Male wieder im Herbst 1945 auf den Boden meiner geliebten Insel setzen. Am Hafen empfing mich in einer offenen Kutsche meine Familie. Nach stürmischer Begrüßung ging es zunächst zum Lazarett 1, zu dem ich – immer noch Soldat – abkommandiert war. Dort meldete ich mich beim Chef, Herrn Oberfeldarzt Dr. Balcerek, der mir freundlicherweise Urlaub bis zum nächsten Morgen gab, damit ich die ersten Stunden bei meiner Familie in Nieblum sein konnte. Dorthin - in ihr Elternhaus - waren gegen Kriegsende meine Frau mit beiden Kindern sowie meine Mutter und Schwester geflüchtet. Am nächsten Morgen begann dann meine neue Tätigkeit. Das Lazarett befand sich im ehemaligen „Deppes Hotel" am Sandwall. Dies Haus war vollständig mit Verwundeten belegt und bildete eine Einheit mit dem als „Lazarett 2" eingerichteten „Kinderheim der Stadt Hamburg". Beide Häuser unterstanden dem Oberbefehl von Dr. Balcerek. Chef des „Lazarettes 1" war Oberstabsarzt Dr.Wittkopp. Als Stabsarzt wurde ich ihm unterstellt. Die Verwundeten wurden außerdem von 6 Assistenzärzten sowie einigen Schwestern versorgt. Von diesen ist mir in besonders guter Erinnerung Schwester Wally, später verheiratete Petersen, geblieben. Sie hat sich in besonderer Weise um das Wohl des Hauses und der ihr anvertrauten Verwundeten verdient gemacht. U.a. kam sie , die einen guten Draht zu einer Bäckerei im Orte hatte, täglich mit mindestens je einem Kommißbrot unter den Armen für die Bewohner des Hauses an, womit der Speiseplan eine willkommene Bereicherung erhielt.

Das ehemalige Hotel Deppe hatte eine sehr schöne Lage am Wasser, so weit ich erinnere, mit Veranden zur Seeseite und hohen schönen Räumen. Letztere hatten nur den Nachteil, daß sie deswegen schwer zu heizen waren. Außerdem gab es so gut wie kein Heizmaterial. Es gelang mir jedoch, bei einem in der Nähe wohnenden Kohlenhändler eine Fuhre Sprock zu beschaffen. Mit diesem Reisig konnte ich meine Stube halbwegs warm kriegen. Allerdings mußte man, um das Feuer nicht ausgehen zu lassen, ständig nachlegen – was naturgemäß nicht laufend zu realisieren war. In der Freizeit lud ich meine Assistenzärzte zum Aufwärmen in meine Stube ein. So saßen wir bis zu 5 Personen um unsere kleine brennende „Hexe" versammelt, ständig damit bemüht, den Hunger dieser Feuerstelle nach neuem Reisig durch eifriges Nachlegen zu stillen. So schön und feudal das Hotelgebäude im Frieden, besonders in der „guten alten Zeit" gewesen sein mochte, so relativ einfach, um nicht zu sagen primitiv sah es sich als ein modernen Ansprüchen genügendes Lazarett an, zumal ja in der Zeit unmittelbar nach dem Kriege es auch an allem fehlte, was zur Einrichtung einer zeitgemäßen Krankenanstalt benötigt wurde. Doch wurden wir von größeren Ungelegenheiten, insbesondere Infektionen, verschont. Die chirurgische Tätigkeit erschöpfte sich i.allg. in der Behandlung alter, durch Schußwunden verursachter Knochenmarksleiden, in der Fachsprache „Osteomyelitiden" genannt. Sie wurden „gemuldet", d.h. der entzündlich-eitrige Herd wurde mit Hammer und Meißel bis ins Gesunde entfernt.

Im Januar 1946 wurde ich aus der Wehrmacht entlassen. Ein in Nieblum niedergelassener Kollege, Herr Dr. Cropp, sah sich nach dem Kriege einerseits durch den Zustrom erheblicher Mengen von Flüchtlingen, andererseits durch die kriegsbedingte Situation mangelnder Hygiene infolge Fehlens aller hierzu benötigter Artikel, besonders Seife, in einer Lage, die es ihm unmöglich machte, allen Patienten, die jetzt mit den verschiedensten Erkrankungen der Haut wie Krätze. Kopf- und Filzläusen sowie Eiterungen wie Furunkeln, Karbunkeln und Panaritien die Praxis aufsuchten, gerecht zu werden. So rief er mich um Hilfe. Ich kam seinem Ruf gern nach, da ich ja im Augenblick ohne Arbeit war und ganz in der Nähe seiner Praxis meine Wohnung im Elternhause meiner Frau hatte. Die Mitarbeit gestaltete sich recht fruchtbar. Durch ihn, den „altgedienten" Praktiker, konnte ich noch einiges lernen. Herr Cropp war ein guter und gewissenhafter Arzt, der praktisch die ganze Landbevölkerung der Insel zu behandeln hatte. Die Arbeit war dadurch, daß außer dem Chirurgen im Krankenhaus Wyk kein Facharzt auf der Insel niedergelassen war, recht umfangreich. Sie wurde neben der kleinen Chirurgie durch zeitintensive Inanspruchnahme in der Geburtshilfe und in einem Falle auch mehreren Blut-Transfusionen im Hause einer jugendlichen Patientin mit chronischem Gelenkrheuma und Blutarmut nicht weniger. Letzteren Tätigkeiten kamen wir i.allg. gemeinsam nach. Um mobil zu sein, stand Herrn Cropp ein kleiner Fiat zur Verfügung. 2 mal in der Woche wurde Sprechstunde im Westen der Insel, anfangs in Klintum, später in Oldsum gehalten. Beide Male fand die Ordination im kachelgeschmückten Pesel der jeweiligen Hausbesitzerin statt. In Oldsum war unsere Wirtin Frau Therese Hinrichsen, genannt „Tesche". Ihre Tochter Edna fungierte als Sprechstundenhilfe. Als Wartezimmer mußte der Stall herhalten. Man mag heute darüber die Nase rümpfen; damals war man froh, wenn man überhaupt Räume zur Verfügung gestellt kriegte, war doch alles mit Flüchtlingen belegt. Auch unter diesen relativ primitiven Umständen klappte die Arbeit, so hatte ich den Eindruck, recht gut. Auch Zähne wurden hier gezogen. So erinnere ich mich einer Patientin mit einem zu ziehenden Weisheitszahn, der bereits morsch war und nur stückweise mit Zange und Hebel entfernt werden konnte. Da hierzu naturgemäß mehr Zeit als bei einer einfachen Extraktion benötigt wird – zumal es Weisheitszähne sowieso „in sich haben" -, bot ich der Patientin an, etwas örtliche Betäubung nachzuspritzen, doch die Tapfere lehnte dies ab und stand bis zur Beendigung der Prozedur zur Verfügung.- Natürlich wurden im Oldsum und den anderen Dörfern des Westens ebenso wie im Osten auch Besuche gemacht. Ich erinnere mich dabei eines lustigen Ereignisses: nach der Sprechstunde hatte ich einen Patienten in der Dorfstraße von Oldsum zu besuchen. Öffentliche Beleuchtung war zu der Zeit Fehlanzeige. Es war pechschwarze Dunkelheit. Es war buchstäblich so gut wie nichts zu sehen. Mit meiner Tasche am Arm zog ich los. Nach einer Weile wurde der Boden weich unter mir, gleichzeitig hatte ich das Gefühl , immer höher zu steigen. Was war geschehen: ich war auf einem Misthaufen gelandet! – Um unabhängig von einander und beweglicher zu sein, entschlossen wir uns, unsere Besuche jeder für sich, d. h. mit eigenem fahrbaren Untersatz zu machen. So machte ich mich, da mir das Geld zur Anschaffung eines eigenen Wagens nicht zur Verfügung stand, mit dem Fahrrad auf den Weg, was bei Wind und Wetter nicht immer einfach war. Im Winter bei Eis und Schnee – und die Winter in den ersten Jahren waren besonders kalt – stand mir an Kleidung mein alter Militärmantel zur Verfügung. Auf dem Gepäckträger meines Rades hatte ich meine Arzttasche – eine alte Reisetasche aus dem Nachlaß meines Schwiegervaters, in die ich über ihren fachlichen Inhalt auf der Rückfahrt – vorsichtig in Zeitungspapier eingewickelt – manches unterwegs geschenkte Ei legen konnte. Außerdem fuhr auf dem Gepäckträger noch mein alter Wäschebeutel aus der Militärzeit mit, der als willkommenes Transportmittel zweier Einliter-Flaschen sich nützlich machte. Sie wurden mit Milch gefüllt, die ich von den Bauern erhielt. War geschlachtet worden, gab es auch schon mal ein Stück Fleisch. Angesichts der Lebensmittel-Knappheit nach dem Kriege waren diese Zuwendungen eine willkommene Bereicherung des Speisezettels.

Im Winter entstanden gelegentlich Schwierigkeiten mit dem Fortkommen unterwegs, da es derartige Schneeverwehungen gab, daß sie nur noch mit Skiern zu bezwingen waren. So machte ich mich also mit Schneeschuhen und einem Rucksack voller Instrumente und Medikamente auf den Weg über die Dörfer. Dabei ist es mir einmal passiert, daß ich auf dem Rückweg von den „Mitteldörfern“ zunächst den Weg nicht mehr fand, da sich mir die in einheitliches Weiß gehüllte Landschaft, noch dazu bei diesiger Luft, ohne Kontraste bot. Ein anderes Mal, als ich mit Dr. Cropps Kleinauto zu einem eiligen Besuch in Hedehusum bestellt war, blieb ich auf dem von der Chaussee zum Ort abzweigenden völlig zugeschneiten Querweg rettungslos stecken und konnte nur unter tatkräftigem Einsatz von Dorfbewohnern freigeschaufelt werden. Mit der Währungsreform konnte sich Dr. Cropp finanziell keinen Mitarbeiter mehr erlauben. So wurde ich arbeitslos. Niederlassen im Landbezirk der Insel konnte ich mich nach den Richtlinien der Berufsordnung der Ärztekammer nicht ohne Genehmigung meines früheren Chefs. Auch an eine Kassenzulassung war vorerst nicht zu denken. Ich nutzte die Zeit u.a. zur Vertretung einer praktischen Ärztin in Braunlage im Harz sowie zur Fortbildung in der geburtshilflichen Abteilung der Frauenklinik Lübeck. Von dort wurde ich eines Tages von meiner Frau telegrafisch zurückgerufen, da sie Schwierigkeiten mit dem Bürgermeister in Toftum bekam.

Was war geschenen? Von der Ärztekammer hatte ich die Erlaubnis erhalten, mich bereits vor Ablauf eines halben Jahres nach Beendigung meiner Tätigkeit bei Cropp in Toftum mit einer Privatpraxis niederzulassen. Dort hatten wir ein Haus mieten können, in das nun meine Frau mit den Kindern während meiner Abwesenheit bereits umgezogen war. Doch so leicht ging das in jener Zeit nicht! Sie hätte, was uns nicht bekannt war, die Erlaubnis des zuständigen Bürgermeisters haben müssen. So verbarrikadierte sie sich in „unserem" Friesenhäuschen und rief mich zu Hilfe. Nachdem aber mein Schwager sich dankenswerter Weise bereit erklärt hatte, im Elternhaus meiner Frau in Nieblum nach unserem Wegzug eine Flüchtlingsfamilie aufzunehmen, wurden wir in Toftum gelitten, so wir hinfort mit Bürgermeister und Gemeinde ein gutes Verhältnis hatten. Hier nun richtete ich mir eine kleine Praxis ein: in einem kleinen Raum rechts vom Eingang war das Sprechzimmer, der schmale Flug fungierte als Warteraum. Die nötigen Geräte und Instrumente besorgte ich mir aus München, wo Verwandte ein Geschäft für medizinische Waren hatten. Besonders stolz war ich auf einen gynäkologischen Untersuchungsstuhl. Da es zu jener Zeit schwierig war, die Zulassung zu den RVO-Krankenkassen durch die Kassenärztliche Vereinigung zu erhalten, mußte ich mich vorerst mit einer Privatpraxis begnügen. Die Einnahmen daraus reichten gerade aus, um die Existenz einer 4-köpfigen Familie zu garantieren. Selbst dieser Mindeststandard wäre heute kaum aufrecht zu erhalten. Damals war das insofern möglich, als viele Landwirte noch Mitglieder privater Krankenkassen waren, was allerdings im Laufe der Zeit rückläufig wurde. Doch waren wir glücklich, zunächst ein ganzes Friesenhaus mit Garten zur Verfügung zu haben und eine selbständige Praxis führen zu dürfen. Meine Mobilisation erfolgte durch ein Klein-Motorrad Marke NSU QUICK, was mir bei Überlandfahrten – auch auf schmalen Pfaden querbeet – gute Dienste leistete und mir nie Probleme bereitete. Später – nach überraschender Auszahlung einer kleinen anteiligen Erbschaft von einem verstorbenen Onkel meiner Frau in Amerika – konnten wir uns einen fabrikneuen VW leisten. Man kann sich heute wohl kaum mehr vorstellen, wie glücklich man damals über einen solchen Besitzerwerb war!

Dr. Helmut Finke am Schreibtisch

Meine ärztliche Tätigkeit erstreckte sich auf alle Gebiete, die ein praktischer Arzt zu jener Zeit zu beherrschen hatte. Hierzu gehörte außer der Allgemeinmedizin auch kleine Chirurgie, Grund-Diagnostik und -Therapie in der Hals-Nasen-Ohren – und Augenheilkunde sowie Gynäkologie und Geburtshilfe. Auch die Extraktion von nicht mehr erhaltenswerten Zähnen mußte verschiedentlich praktiziert werden.

Im sprachlichen Umgang mit der Bevölkerung gab es keine Probleme. Ich hatte mir ein kleines friesisches Vokabular für die Verständigung mit meinen Patienten zurecht gelegt, wenn ich sie bitten mußte, sich z.B. zur Untersuchung frei zu machen, beim Abhören der Lunge tief zu atmen usw. Dies kam hauptsächlich für die Bevölkerung im Westen der Insel in Frage, während im Osten das Plattdeutsche zur Anwendung kam. Ich entsinne mich, wie ich anläßlich einer Vertretung in Oevenum einer alten, in ihrem Alkoven liegenden, schwerhörigen Friesin in ihr an's Ohr gehaltenes Kuhhorn auf ihre Frage: „Huch oder Platt?" das Wort „Platt" hinein rufen mußte, worauf ein glückliches Lächeln über ihr Gesicht ging, konnte sie nun doch in ihrer Muttersprache mit dem Arzt sprechen! Eine gute Gelegenheit, die Sprache „des Westens", nämlich das Friesische besser zu lernen, bot sich beim Besuch der jährlich im Dorfkrug, dem heutigen „Ual Fering Wiartshüs", stattfindenden Feuerwehr-Stiftungsfeste, zu denen man den ortsansässigen Arzt einlud. Bei der ortsüblichen Bowle wurden jede Menge Reden gehalten, wobei es erstaunlich war, wie die – oft recht jugendliche – Teilnehmerschar in wohlgesetzter Form Reden hielt, die sich inhaltlich nicht zu schämen brauchten. Hörte man gut zu und genehmigte man sich 2-3 Glas Bowle (in den ersten Jahren nach dem Kriege noch als „Siedlerbowle" gereicht) fühlte man sich halbwegs in der Lage, sich in friesischer Sprache für die Einladung zu bedanken und noch ein paar freundliche Worte hinzuzufügen.

1951 bat mich Herr Prof. Haeberlin, ihm in seiner Allgemein-Praxis in Wyk zu assistieren. Diesem Wunsch kam ich gern nach, allerdings unter der Bedingung, daß ich meine Privatpraxis in Toftum weiterführte. Da die Haeberlin'sche eine sehr große Klientel zu versorgen hatte und mir der weitaus größere Teil zu betreuen zufiel, gab es für mich naturgemäß außerordentlich viel zu tun. Über diese meine Arbeit habe ich an anderer Stelle berichtet.

Rückblickend auf die erste Zeit meiner ärztlichen Tätigkeit auf Föhr, besonders die in den Allgemeinpraxen in Nieblum und Toftum, darf ich als Fazit feststellen, daß sie mir für die weitere ärztliche Tätigkeit in einem großen Rahmen, besonders nach Erhalt der Kassenzulassung nach dem Tode von Prof. Haeberlin, von großem Nutzen war. Dies besonders im Hinblick auf die im Kriege wesentlich einsichtigere Tätigkeit eines Bataillonsarztes und – nach meiner Verwundung – vornehmlich chirurgischen Arbeit in einer Sanitätskompanie an der Ostfront.

Christfried Godbersen

Mami, was ist ein Dorfschmied?

Sonntagmorgen. Klein Jule steht bei der Mutter vor´m Bett. „Mami, was ist ein Dorfschmied?". Mutter blinzelt die kleine Tochter an. „Am besten fragst du den Papa". Jule läuft auf die andere Bettseite, zupft Papi am Ohr, „was ist ein Dorfschmied, Papa?". Der dreht sich zur Seite. „Wo hast Du denn diese Frage her?" „Ich habe von Oma ein altes Malbuch bekommen, und da ist auf einem alten Bild ein Mann, der mit einem großen Hammer auf ein glühendes Stück Eisen schlägt und darüber steht geschrieben: Der Dorfschmied". Nun ist Papa wach geworden. Ja, Kleines, dein Opa ist ein Dorfschmied gewesen, das kann er dir bestimmt besser erklären als ich. Jule geht in ihr Zimmer und kommt nach kurzer Zeit angezogen zurück und sagt nur: „Ich geh mal rüber zu Oma und Opa". Jule rennt rüber zum Nachbarhaus – zu Oma und Opa.

„Opa, Opa" ruft sie schon an der Tür, „ich muss dich etwas fragen. Warst du ein Dorfschmied?" Opa legt die Zeitung aus der Hand und zieht die kleine Jule zu sich auf den Schoß. „Ja sicher, ich war ein Dorfschmied, und mein Vater war auch einer. „Erzähl´

mir etwas davon", sagt Jule. Opa überlegt. „Das ist gar nicht so einfach. Wo soll ich anfangen?" „Am besten von vorne" sagt Jule. „Ja, dann müsste ich bei meinem Vater, deinem Urgroßvater, anfangen, und das ist ein lange Geschichte. „Bitte, bitte", bettelt Jule, „ich komme während der Ferien jeden Vormittag zu dir, und dann erzählst du mir immer eine neue Geschichte – abgemacht?" „Abgemacht!"

Und Opa erzählte von seinem Vater: „Hhhmm, mein Vater John Godbersen wurde am 18. Januar 1899 in Toftum, hier auf Föhr, geboren. Sie waren zuhause sechs Geschwister. Sein Vater wiederum war Landarbeiter. Im Stall standen 3 Kühe und ein paar Stück Jungvieh. Seine Mutter hatte reich geerbt, von einem Onkel, der am Yukon Gold gegraben hatte. In Reichsmark, Rubel und dänischen Staatspapieren wurde alles schön im obersten Regal im Wandbett aufbewahrt. Aber nach dem Staatsbankrott in Dänemark und der Inflation in Deutschland war von dem Reichtum nichts mehr übrig. 1914 kam mein Vater in die Schmiede- und Schlosserlehre nach Amrum, zu Bernhard Schmidt. Verdient wurde nichts, im Gegenteil, die Eltern mussten 400 Reichsmark für Kost und Logis dazubezahlen. Da kann man sich leicht ausrechnen, dass nicht viele Familien in der Lage waren, ihre Söhne etwas lernen zu lassen. So gab es nur einen Weg – ab nach Amerika. Das Risiko war auch nicht sehr groß, denn jeder hatte seinerzeit dort irgendwelche Verwandte. Weil Krieg war, brauchte mein Vater nur drei Jahre zu lernen und wurde Anfang 1917 zum Kriegsdienst eingezogen. Er kam zu den Fliegern nach Cottbus. Erst war er Maschinist, und später ist er selbst geflogen. Er hat den Krieg heil überstanden und kam 1918 wieder nach Hause. Hier hat er dann Wecker, Uhren, Nähmaschinen, Türschlösser und die ersten Fahrräder repariert. 1920 – 21 fuhren sieben Föhrer mit der „Rio Bravo", so hieß der Dampfer, unter Kapitän Carl Christiansen aus Wyk, nach Mexico. Von dort wollten sie „schwarz" über die Grenze nach Amerika. Es gelang nicht allen. Sie wurden aufgegriffen und wieder nach Hause geschickt. Mein Vater aber blieb in Mexico. Er wurde Auslandsmonteur für „Deutz"-Pumpenanlagen. Vier Jahre baute er für diese Firma große Anlagen auf den Haziendas reicher Landbesitzer. So lernte er Land und Leute kennen. Er sprach und schrieb perfekt spanisch und englisch. 1924, nachdem er viel Geld verdient hatte, fuhr er nach Hause und heiratete meine Mutter.

Jules Urgroßvater... John Godbersen, 15. Juni 1917

Auch von ihr möchte ich etwas erzählen: Meine Mutter Inna Faltings kam aus Oldsum. Sie waren zu Hause zehn Geschwister. 2 Jungen und 5 Mädchen wanderten nach Amerika aus. Ihre Mutter, meine Großmutter, starb bei der Geburt meiner Tante Tina, so dass meine Mutter mit ihren Geschwistern beim Vater aufwuchsen. Notgedrungen gingen die Geschwister nach der Konfirmation aus dem Haus. Nach der Hochzeit zog meine Mutter zu den Schwiegereltern nach Toftum, wo sie ein kleines Zimmer bewohnte. Vater war nun nach Amerika gefahren. Im August 1925 wurde mein Bruder Johannes geboren und ich erblickte im August 1927 das Licht der Welt. Im Herbst 1927 bin ich dann mit Bruder und Mutter zum Vater nach Amerika gefahren. Wie Mutter später erzählte, war die Überfahrt eine Sturmfahrt. Alle Passagiere waren seekrank. Ich wurde davon verschont und war immer bei den Stewardessen. Mein Vater fuhr einige Zeit später im New Yorker Hafen auf einem Tankschiff. Er kaufte sich im Herbst 1925 in der Bronx ein Delikatessengeschäft. In dem Store wurde viel Geld verdient. Besonders während der Prohibition (Alkoholverbot). Da musste Bier und Alkohol „schwarz" verkauft werden, was sich besonders lohnte. Im Store wurde viel und hart gearbeitet. Morgens um halb fünf Uhr wurde angefangen. Das Hauptgeschäft waren Sandwiches und Bier. Dafür standen bis zu 3 Frauen in der Küche. Von 8 Uhr bis Mitternacht war nur Vater im Geschäft.

Die Kassen wurden bis auf 10 $ geleert. Er musste mindestens einmal pro Woche damit rechnen, dass ein „Farbiger“ zur Tür rein kam und Vater mit einer Pistole bedrohte. Der Räuber langte dann immer über den Tresen, nahm sich die 10 $ heraus und verschwand wieder.

Ameriakreise... auf der Rückfahrt von New-York nach Hamburg

Meine persönlichen Erinnerungen an Amerika sind karg. Ich weiß, dass wir einen Hund hatten, mit dem ich immer gespielt habe und dass ich mit meinem Bruder immer die Rolltreppe zum Bahnhof rauf und runter gefahren bin.

1930 sind wir nach Föhr zurückgekehrt. Wir wohnten in Juchum Hinrichsens Haus. Juchum war kurz vorher verstorben. Vater fing gleich mit dem Neubau von Wohnhaus und Werkstatt an. Nach damaligen Verhältnissen sehr modern, mit Wasserleitung, Abflussleitungen, Heizungsanlage, ein Bad mit Badewanne, WC und Waschbekken.“

„Sag mal, Opa, war das etwas Besonderes: Klo und Badewanne?“ fragte Jule erstaunt dazwischen.

„Ja, weißt du. Die Klos bestanden damals aus einem Holzkasten mit einem Loch in der oberen Platte. Ganz Vornehme hatten noch einen Deckel drauf. Der Kasten stand am Stallende über der Dungrinne und wurde jeden Tag mit „ausgemistet“. Sommertags wurde dann ein Eimer darunter gestellt, der ab und zu entleert werden musste. Gebadet wurde 1x in der Woche – am Sonnabend. Ein großer Wasserkessel wurde auf dem Herd aufgeheizt und anschließend in eine Holzbalje gegossen. Mit kaltem Wasser wurde auf Badetemperatur abgekühlt. Erst wurden die Kinder gebadet – und das sehr oft zu heiß – weil die Eltern anschließend ja nicht im kalten Wasser baden wollten. Gleich danach ging es zu Bett. Bei meinen Eltern ging es ins Wandbett. Im Wohnzimmer meiner Oma waren 2 Wandbetten. Das waren Schlafkojen. Die Türen gingen zum Wohnzimmer auf. Die Wandbetten reichten an die angrenzenden Räume. Die Kojen hatten keine Lüftung. Wenn jemand im Bett lag, mussten die Türen immer etwas aufstehen. In einer Koje konnten vier Kinder schlafen. Die Eltern hatten eine eigene Koje. Wenn Vater und Mutter bei Oma zu Besuch waren, durften wir Kinder mit – und im Wandbett schlafen. Wir legten uns immer mit dem Kopf zur Betttür, so hörten wir immer, worüber sich „die Alten" unterhielten. Ja, in diesen Wandbetten waren auch Reewler (Regale), wo wertvolle Sachen aufbewahrt wurden. Die Geldschatulle stand da, der Silberschmuck von Friesentrachten und sonstiger Silber- und Goldschmuck. Und natürlich wichtige Papiere wie Erbschein oder Testamentssachen. Über den Wandbetten waren jeweils Glasschränke. Dort standen wertvolle Kaffeeservice. Unter den Betten war von der Rückseite eine Klappe. Dort wurden Kartons mit Weihnachtssachen und Spielzeug aufbewahrt – und die neuen Schuhe. Da war es auch im Winter frostsicher, und so wurden hin und wieder dort auch schon einmal Kartoffeln gelagert."

„Wieso konnte es denn im Winter in der Wohnung frieren?" wollte Jule wissen.

„Ja, natürlich. Im Haus waren zwei Feuerstellen. Der Herd in der Küche und der Kachelofen in der Wohnstube. Morgens nach dem Aufstehen gingen meine Großeltern in den Stall zum Kühemelken. Durch das Vieh war es im Stall richtig warm geworden. Oma machte in der Küche mit einem Bündel Stroh den Herd an. Die Milch wurde warm gemacht und der Kaffee gekocht. Zwischendurch wurden die Kinder geweckt, die zur Schule mussten. Mit Waschen war meistens nichts. Es gab ja auch kein „fließendes" Wasser. Neben der Handpumpe im Pumpenraum stand ein Gestell mit einer emaillierten Schale. Darunter ein Teller mit einem Stück Seife. Das Wasser in der Schale wurde von allen gemeinsam genutzt. Das Ausleeren der Schale war ja auch umständlich. Entweder kippte man den Inhalt der Schale vor die Gartentür oder man lief damit durch den Stall und kippte die Brühe auf den Misthaufen. Die Kinder waren meist froh, dass sie nicht gefragt wurden, ob sie sich gewaschen hätten. Zum Frühstück gab es „Moolk an Kraamen", das war angewärmte Milch mit zerbröseltem alten Brot. Dann gab´s noch ein gekochtes Ei mit einem Stück Butterbrot und ein Stück Brot mit Zucker. Das Schulbrot mit Wurst wurde in ein Stück Zeitung gewickelt. Angezogen waren die Jungs mit kurzen Hosen und Hosenträgern, lange selbst gestrickte wollene Strümpfe, die mit einem Knopf und Gummiband vom Wollunterhemd gehalten wurden. Darüber ein selbst gestrickter Pullover und eine „Jumper“-Jacke. Schuhe hatte man damals selten an, die mussten geschont werden. Meistens ging es in Holzklotzen zur Schule. Im Sommer lief man barfuss.

Mein Opa war nun am Stall ausmisten. Schweine und Kälber wurden versorgt und das Heu für die nächste Fütterung wurde schon einmal in den Gang gebracht. Uroma machte in der Zwischenzeit das Mittagessen. Es gab gepökeltes Fleisch mit Kohlrabi. Das eingepökelte Fleisch lag in großen Holzfässern im Keller. Der Keller war eigentlich mehr ein Loch unter der Speisekammer, abgedeckt mit einer Holzluke. Geschlachtet wurde zwei mal im Jahr. Das erste Mal um die Zeit des Jahrmarkts und dann noch einmal im Februar. Von der Februarschlachtung ging der größte Teil als Wurst und Schinken in die Räucherei, schließlich musste es den ganzen Sommer vorhalten. Zum Schlachten kam der Hausschlachter ins Haus. Den Schlachttrog brachte er mit.

Das Schwein wurde mit einem harten Schlag vor den Kopf betäubt. Dann wurde mit einem langen Messer die Halsschlagader aufgeschnitten. Das Blut wurde in Schalen aufgefangen und musste sofort ganz heftig gerührt werden, damit es nicht gerann. Das Schwein kam dann in den Trog und wurde mit kochendem Wasser abgebrüht. Dann wurde das Schwein mit den Hinterfüssen an die oberste Leitersprosse gebunden und schräg an die Wand gestellt. Das Schwein wurde von oben bis unten aufgeschnitten und die Innereien herausgeholt. Es blieb dann noch bis zum Nachmittag draußen zum Auskühlen stehen. Nun kam der Hausschlachter wieder, um das Schwein zu zerlegen. Schinken zum Räuchern, Fleisch zum Durchdrehen für Würste, Braten für die Einmachgläser und ein großer Teil wurde eingepökelt. Damals kam auch das Einmachen in Dosen in Mode. In der Werkstatt hatten wir eine Dosenschließmaschine. Das ganze Dorf kam mit den Dosen zu uns. Erst mussten sie abgeschnitten werden und wenn sie gefüllt waren, wurden sie wieder mit einem Blechdeckel verschlossen. Das war ein gutes Geschäft. In Hauptschlachtzeiten und auch in der Gemüseernte mussten die Kunden oftmals Schlangestehen – soviel wurde damals in Dosen eingemacht. Wenn Vater keine Zeit hatte, musste Mutter oder wir Jungs ran. Ich war noch nicht groß genug, um das Kurbelrad zu drehen und stellte mich darum jedes mal auf eine Kiste. Sehr oft zum Schmunzeln der Kunden.“

„Hallo, Opa, hast du auch geholfen, das neue Haus zu bauen" wollte Jule interessiert wissen.

„Nein, dazu war ich noch zu klein. Vater stand immer um 5 Uhr morgens auf, es musste Sand gesiebt werden. Der Sand wurde aus Haubergem, einem Sandrücken in der Toftumer Marsch, mit Pferdefuhrwerken geholt. Der gesiebte Sand wurde mit Kalk vermischt. Der Kalk war lange vorher in einem großen Erdloch aus Brandkalk gelöscht worden. Dann kam noch etwas Zement hinzu und die Maurer konnten Punkt 7 Uhr beginnen. Fenster und Türen wurden schon im Winter angefertigt, so dass sie gleich mit eingemauert werden konnten. Abgedichtet wurde alles nur mit einem Teerstrick. Das Haus konnte 1931 nicht mehr fertig gestellt werden. Nachmittags beim Königsreiten setzte ein schweres Gewitter ein. Das Königsreiten musste abgesagt werden. Das Schlimmste war aber, dass es den ganzen Sommer und Herbst nicht wieder aufhörte zu regnen. Die Baustelle stand die ganze Zeit knietief im Wasser. Im Frühjahr 1932 ging es aber dann flott voran. Erst wurde die Werkstatt fertig und konnte schon in Gebrauch genommen werden. Die Werkstatt wurde als Schlosserei eingerichtet, mit moderner Azetylen- Schweißanlage, Stanze und kombinierter Bohrmaschine für Hand-, Fuß- und Elektroantrieb. Pferde beschlagen durfte Vater nicht, weil er kein Hufbeschlagmeister war. Dieses wurde im Winter 1933/34 in Rostock nachgeholt. Nun mussten mein Bruder und ich auch öfter einmal helfen, die Wagenringe aufzuziehen. Gegenhalten beim Nieten oder einfach nur Werkstattaufräumen. Außerdem war noch der Schweinestall auszumisten, der Hühnerstall zu reinigen und im Winter der Misthaufen aufzusetzen. Ansonsten hatten wir eine schöne Jugendzeit. Im Winter waren wir jeden Tag Schlittschuh laufen. Unterhalb von Toftum und Klintum stand im Winter alles unter Wasser, so dass wir grosse Eisflächen hatten. Eishockey, Fangen und Abklatschen waren unsere Spiele. Aber auch auf den Vogelkojen wurde Eisgelaufen, denn hier war es fast immer geschützt. Aber auch diese Freude verging schnell, denn wenn das Eis dick genug war, kamen die Aalstecher. Auch wir selbst gehörten dazu. Ausgerüstet mit einem Elger (Dreizack) und einer Axt ging es morgens früh entweder zu den Schachten unterhalb des Deiches oder eben in die Vogelkoje. Ein paar Meter von der Schachtkante oder vom Reetwuchs wurde mit der Axt ein Loch von ca. 20 x 20 cm ins Eis geschlagen. Durch gleichmäßiges Stossen wurde die Fläche unter dem Eis abgesucht. Ob man nun einen Aal erwischt hatte, merkte man an einem leichten Widerstand beim Zurückziehen des Elgers. Wer dafür kein Gefühl hatte, fing wenig bis gar nichts. Vater und ich hatten öfter einen ganzen Eimer voll. Zuhause angekommen wurde Salz über die Aale geschüttet, damit sie sich beruhigten. Mutter musste sie ausnehmen und ich musste sie räuchern. Die Aale wurden auf eine Drahtstange geschoben und in ein grosses Holzfass gehängt. Das ganze wurde auf die Feuerstelle in der Schmiede gestellt. Als Räucherholz wurden alte Radfelgen genutzt. Aale räuchern war schon eine kleine Kunst.

Nun zurück zu den Wasserflächen. Im Frühjahr, wie auch im Herbst, waren wir Jungs sehr oft morgens vor der Schule schnell mal los zum Eiersammeln. Die Enten gingen abends nach dem Füttern wieder in die Marsch, um dort zu übernachten. Auf dem Heimweg morgens zurück verlor so manche Ente ihr Ei. Diese wurden von uns gesammelt und erst einmal irgendwo versteckt. Wenn genug zusammengekommen waren, haben wir sie an unseren Dorfkaufmann verkauft. Oft haben wir sie auch nur gegen Schokolade getauscht. Wenn es Herbsttags früh dunkel und kalt wurde, gingen wir zum alten Nickels. Da lernten wir Jungen schon sehr früh das Skatspiel, oder wir saßen beim alten Schuster Thomas Paulsen, der konnte so tolle Geschichten erzählen. Mit den größeren Jungen ging es im Halbdunkel zum Spatzenschiessen. Mit der Taschenlampe wurden Efeuwände und Reetdachkanten abgesucht.. Die Spatzen wurden dann mit dem Luftgewehr geschossen und als Katzenfutter mit nach Hause genommen. Bei schlechtem Wetter wurde nach den Mädchen gesucht. Diese saßen irgendwo und häkelten oder strickten, oder sie waren am Tanzen üben. Wenn wir sie gefunden hatten, wurde ans Fenster geklopft. Natürlich taten sie so, als würden sie uns nicht hören, und anstandshalber machten sie auch die Tür nicht auf. Doch irgendwann klappte es doch. Nun wurde Kartengespielt oder Ratespiele veranstaltet, bei dem am Ende unter großem Gejohle ein Junge einem Mädchen einen Kuss geben musste.

Dann kam Weihnachten. Schon Wochen vor Weihnachten saßen wir mit Laubsäge und Schnitzmesser, um Kalenderrückwände und Holzbilder anzufertigen. Aber auch kleine Kühe, Schweine, Pferde und Schafe wurden ausgesägt oder geschnitzt und angemalt. Der Weihnachtsmann brachte mir, als ich sechs Jahre alt war, eine kleine Handharmonika. Nach Erzählungen meiner Mutter habe ich solange damit gesessen, bis ich ein Lied spielen konnte. Nach Weihnachten kam die Biikezeit näher. Jeden Tag in der Dämmerung waren wir unterwegs zum „Swiisen". Die Grabenränder und Ackerränder wurden angezündet. Die Bauern fanden das gut, so konnte im nächsten Frühjahr alles wieder neu ausssprießen und wachsen. Acht Tage vor Biiken wurden jeden Nachmittag Zweige und Stroh eingesammelt. Bei einem Bauern wurde ein Wagen geholt und von Jungen und Mädchen durch die Straßen gezogen. Die beladenen Wagen wurden mit Gekreische und Gejohle zum Biikenplatz gebracht. Der Platz, wo die Biike errichtet war, musste den ganzen Tag bewacht werden. Wenn nicht, kamen Jungs aus dem Nachbardorf und zündeten den Haufen an. Das war sehr schlimm, denn jedes Dorf wollte seine eigene Biike haben. Die Mädchen hatten schon am Tage zuvor den „Piader" angefertigt: Aus Stroh und alten Lumpen. Versteckt wurde er am Abend ca. 100 m von der Biike hinter einem Wall. Wenn das Biikestroh zur Hälfte verbrannt war, musste der „Piader" von den Jungs gesucht werden. War er gefunden, wurde er mit Petroleum übergossen, angezündet und mit der Forke hoch in den Wind gehalten. Wenn der Kopf abfiel, wurde der Rest in den brennenden Strohhaufen geworfen. Um ca. neun, halb zehn gingen alle friedlich nach Hause.

Nun kam schon das Frühjahr näher. Die Reetflächen waren abgemäht und man hatte einen freien Blick über die ganze Marsch bis hin zum Deich. Ausser in den Vogelkojen wuchsen in der Marsch keine Bäume und Sträucher. Nun musste das Holz und die Balken, die im Winter an den Strand getrieben waren, nach Hause geholt werden. Strandholz war allgemein beliebt und deshalb trafen sich auch immer viele am Strand zum Sammeln. Man musste schon schnell und früh sein, damit man nicht zu spät kam und mit leeren Händen wieder nach Hause musste. Am besten waren die Chancen, wenn der Wind auf Nordwest sprang. Es war einerlei, ob es Tag war oder Nacht, – dann mussten wir alle an den Strand. Für alle Fälle hatte Vater eine grosse Zugsäge am Rad, damit wir die großen Balken und Bretter gleich vor Ort zersägen konnten. Die Fundsachen mussten immer gleich hinter dem Deich im Reet versteckt werden. Was am Strand liegen blieb, konnte der nächste Strandgänger mitnehmen. Wir hatten damals nämlich keinen Strandvogt. Ausser Holz sind in meiner Kindheit auch einmal Kisten mit Apfelsinen angetrieben. Aber nicht nur ein paar

– ganz viele! Die Apfelsinen in der Mitte der Kiste waren noch zu genießen, die anderen waren total versalzen. Ein andermal waren es Schwefelhölzer, die antrieben. Sie waren jeweils in Zinkbehältern verlötet. Leider waren nicht alle wasserdicht und deshalb mussten alle Hölzer getrocknet werden. Man konnte sie an jeder rauen Fläche anritzen, und sie brannten, aber sie stanken auch gewaltig nach Schwefel. Es kam soviel Holz an den Strand, dass man damit ganze Ställe und Scheunen bauen konnte. Auch unsere Gartenzäune und Zaunpfähle waren nur aus Strandholz. Wir Jungen haben uns im Frühjahr immer eine Bretterbude gezimmert, damit wir Schutz hatten am Strand, wenn es mal regnete. Im Vorland und auf dem Sandwall war im Frühjahr alles voll mit Vögeln. Es gab fast keine Möwen und Krähen damals und so wurde eigentlich jedes Nest voll ausgebrütet – es sei denn, es kam mal Hochwasser, dann wurden viele Gelege zerstört und mussten neu gebaut werden. Einmal waren wir am Strand, es war windig und es kam eine Springflut, da haben wir schnell alle Eier eingesammelt und nach dem Hochwasser willkürlich wieder am Strand verteilt. Am nächsten Tag saßen viele Seeschwalben wieder auf den von uns ausgelegten Eiern. Eiersammeln war Gang und Gebe damals. Man nahm aber immer nur ein Ei aus jedem Nest. Zuhause wurden diese dann gebraten. Sie schmeckten sehr unterschiedlich.

Innendeichs waren die großen Schachten, aus denen waren früher die Deiche gebaut worden. Nun waren es Reetkuhlen und Fischteiche. Eines Tages wollten wir uns darin eine Insel bauen. Bretter wurden zusammengebunden, alte Eimer besorgt – und dann ging es los. Viele Nachmittage haben wir Erde in die Eimer gefüllt und am Ende des Brettersteges ins Wasser geschüttet. Irgendwann war es dann soweit. Die Erde guckte aus dem Wasser und der Berg, unsere Insel, wurde immer größer. An einem Gründonnerstag waren wir „üt tu köögin" (zum kochen). Bei dieser Gelegenheit sollte die Insel ausprobiert werden. Nickels wollte als erster den Versuch wagen, unser neues Eiland zu betreten. Er ging an das Ende des Brettes und setzte einen Fuß auf die Erdkruste, und zog den zweiten nach. Plötzlich gab die Erde nach, und Nikkels sank immer tiefer. Zu zweit, mehr konnten wir auf dem Brett nicht stehen, versuchten wir, Nickels herauszuziehen. Aber es ging nicht. „Schnell, schnell, Vater holen," schrie Nickels, „die sind am Marschweg zum Melken." Ocke legte sich auf das Brett um Nickels festzuhalten, und ich rannte so schnell ich konnte den

Marschweg rauf. Schon von weitem rief ich: „Kai, Kai kom gau! Nickels as iinsaket.“ Nickels Vater nahm sein Fahrrad und sauste zum Deich. Nickels war schon an Land, aber man kann sich vorstellen wie er aussah. Ohne ein Wort zu sagen, zog Kai seinen Sohn auf die Querstange vom Fahrrad und fuhr mit ihm nach Haus. Das war vielleicht ein Schreck für uns alle. Aber die Insel liess uns keine Ruhe. Wir schlugen Pfähle ein und merkten, dass der Untergrund fest war. Es wurden nun Steine gesammelt. Aus einem Gemisch aus Steinen, Holz und Erde kriegten wir eine feste Oberfläche. Mit einem Haus wurde es in diesem Jahr aber noch nichts. Aber im Frühjahr drauf bauten wir auf „unserer Insel“ aus Strandholz und Reet ein Haus. Der Zugang bestand aus einem massiven Brett.

Zwischen Vorland und Flutsaum lag ein breiter, hoher Sandwall. Der war so hoch, dass er bei normaler Sturmflut nicht überspült wurde. Der Kies wurde für Wegebefestigung und zum Bauen abgefahren. Einmal im Jahr war Hand- und Spanndienst, da wurden die Wege in der Feldmark und im Dorf repariert. Die Bauern stellten ein Gespann, und wer keine Pferde hatte, musste eine Handkraft stellen. Da kamen wir Jungs in Frage. Einige waren am Sandwall, um die Kastenwagen zu beladen. Und die anderen verteilten auf den Marsch- und Feldwegen der Gemeinde den Kies. Solche Maßnahmen gab es mehrere. Im Frühjahr wurde der Deich repariert. Es mussten die Sturmschäden des Winters beseitigt werden. Jeder Landbesitzer hatte eine vorgegebene Länge des Deiches zu reparieren. Wir hatten am Dunsumer-Deich auf einer Länge von ca. 50 m den Deich instand zu setzen. Die Löcher wurden mit Erde und Soden ausgebessert und anschließend mit Langstroh vernäht (teekt). Dazu brauchte man eine spezielle Nadel, eine „Teekneedel“ und ein Bauchgurt mit Lederscheibe. Das Langstroh wurde über Soden gelegt. Quer darüber wurde ein Strohband mit der Teeknadel ca. 20 cm auseinander in den Boden gedrückt. Das Strohband wurde mit der Hand festgehalten und die Teeknadel wurde mit dem Bauch und Körpergewicht niedergedrückt. Die Benachrichtigung über dererlei Arbeiten, aber auch Anordnungen über Diestelmähen, Enten aus der Marsch holen, Versammlungen, Rottgräben mähen oder dergleichen, wurden mit einem „Büürstook“ (Bauernstock) bekannt gegeben. Der Empfänger musste nach Kenntnisnahme den Zettel zum Nachbarn bringen, und der wiederum brachte den Zettel dann zu seinem Nachbarn. So machte die Nachricht innerhalb eines Tages die Runde und keiner konnte sich beschweren, er hätte nichts gewusst.

Fast in jedem Haus wurden Enten gehalten. Ende März, Anfang April, brüteten die Enten. Gleich, nachdem die Küken geschlüpft waren, wurden sie in die Marsch gebracht. Jedes Haus hatte seine bestimmten Fennen, wo die Ente mit den Küken ausgesetzt wurden. Zuvor wurden die Entenküken „gemerkt". Auch da hatte jedes Haus sein eigenes Merk-Zeichen. Wie ich schon einmal erwähnte, gab es keine, oder fast keine Möwen und Krähen, so dass die Entenküken, ohne gefüttert zu werden, aufwuchsen. Der einzige „Kükenfeind" war die Rohrweide. So mussten wir Jungs die großen Reetflächen nach den Gelegen der Rohrweiden absuchen und deren Eier einsammeln. An schönen Tagen im Frühjahr waren wir in der Marsch, um Hechte zu schießen. Mancher Hecht lag ganz still im Wasser und sonnte sich. Er wurde dann mit dem Luftgewehr geschossen. Auch wenn die Kugel nicht traf, bekam der Hecht einen Schock und kam an die Oberfläche. Nun musste man schnell mit dem Käscher darunter fahren, sonst war er weg. Die Hechte wurden für 30 Pfg. verkauft. Es gab noch mehr Gelegenheiten, in dieser Zeit etwas zu verdienen. So gab es z.B. fürs Singen bei Beerdigungen 1.50 RM. Wir wurden zu fünft von unserem Lehrer ausgesucht. Da die Verstorbenen im Haus in der guten Stube aufgebahrt waren, mussten wir das erste Lied entweder draußen oder bei schlechtem Wetter im Flur singen. Nach der Predigt und der Aussegnung gingen wir vor dem Leichenwagen, der natürlich von Pferden gezogen wurde, singend zum Friedhof. Am Grab wurde das letzte Lied gesungen, und wir hatten unsere 1.50 RM verdient."

„Wart ihr eigentlich immer schön brav zu Hause in eurer Jugendzeit" fragte Jule gespannt, weiter zuhörend.

„Puha", stöhnte Opa. „Einmal hatten wir einen Polizisten bei uns im Haus. Der wollte von meinem Vater 5 RM Strafgeld haben. Vater meinte aber, er solle sich nicht so anstellen wegen dieser 5 RM – da ist er dann auch wieder gegangen. Aber lass mich noch erzählen, wie es zu dieser Strafe gekommen war. Nickels und ich waren mit dem Fahrrad auf dem Deich und fuhren zur Oevenumer Vogelkoje. Wir wollten nur eben mal so reingucken, obwohl wir wussten, dass das verboten war. Wir sprangen von der Nordseite über den Graben und krochen bis zur Kuhle vor.

Schulbild... Untere Reihe, 2. v.l. Christfried Godbersen

Neugierig, wie wir waren, wollten wir ja nur die Enten beobachten. Doch plötzlich fasste uns von hinten jemand am Kragen und schrie: Ihr Eierdiebe! Wer seid ihr? Wo kommt ihr her? Wir haben dann losgestottert, wo wir herkamen, wie wir heißen und dass wir doch nur einmal gucken wollten. Natürlich glaubte man uns nicht, liess uns aber mit dem guten Rat, uns hier nie wieder sehen zu lassen, wieder laufen. Gott, waren wir froh, als wir wieder auf unseren Fahrrädern saßen. Wir versprachen uns, keinem davon etwas zu erzählen. Mit der Polizei hatten wir nie gerechnet. Zum Glück hatte ich meinen Vater auf meiner Seite und ich sah auch, wie er heimlich griente, als der Polizist auf seinem Rad davonfuhr. Zu meinem Freund ist er dann gar nicht erst gefahren.

Ich muss dir auch noch etwas über unsere Schule erzählen. Ich ging wie alle in die 3klassige Volksschule in Oldsum. Die Anforderungen waren für mich kein Problem. Ich habe die Schulzeit nie als eine Belastung empfunden. Aber eines vergesse ich nie: Ich war Linkshänder, und um nun mit der rechten Hand schreiben zu lernen, wurde mir ein Handschuh über die linke Hand gezogen und festgebunden. Es gab zu unserer Zeit oft Schläge mit dem Stock oder mit dem Lineal - manchmal auch eine richtige, deftige Backpfeife. Einmal kam ich nur knapp daran vorbei. Wir waren an einem Nachmittag zu dritt durch das Kellerfenster in die Turnhalle gekrochen, um die oberen Räume einmal in Augenschein zu nehmen. Über der Turnhalle war eine Lehrküche und ein Versammlungsraum für die BDM- Mädchen. Auf demselben Weg wie gekommen verließen wir die Turnhalle auch wieder. Am nächsten Morgen kam unser Lehrer `Will` schon mit dem Stock in der Hand ins Klassenzimmer. „Turnhalleneinbrecher nach vorne kommen“ dröhnte es durch den Raum. Mir rutschte das Herz in die Hose und ich versteckte mich ängstlich hinter meinem Vordermann. Der Lehrer schrie dann den Vornamen „Johann“. Dieser stand, dem Weinen nahe, auf und ging nach vorne. Hier entschuldigte er sich, dass er nicht alleine durch das Kellerfenster gekrochen sei, es seien noch zwei Jungen mehr gewesen. Zwei weitere Jungen mussten nach vorne. Sie mussten sich bücken und erhielten ein paar ordentliche Hiebe mit dem Stock auf den Hosenboden. Um den Schrei der Bestraften nicht mitzuhören, hielten wir uns alle die Ohren zu. Aber was war denn da eigentlich geschehen? Wir waren zwar auch in der Turnhalle, aber anscheinend mussten da noch mehr gewesen sein. Uns hatte man dieses mal nicht erwischt. Ohauahauha!“

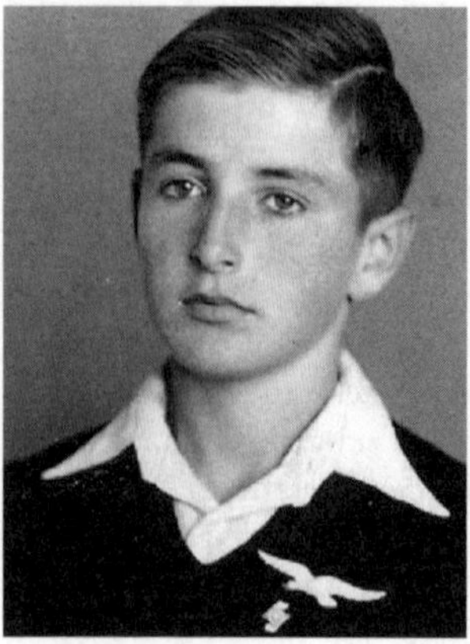

Jungvolkjunge Christfried Godbersen

„Hallo Opa! Warst du auch in der Hitlerjugend?“.

„Nein, in der Hitlerjugend war ich nicht – aber ich war im Jungvolk. Wir hatten eine eigene Uniform. Ein braunes Hemd mit einem schwarzen Schal, der mit einem Lederknoten getragen wurde. Außerdem ein Ledergürtel mit Koppelschloss. Einmal in der Woche mussten wir zum Dienst. Angetreten wurde jeweils auf dem Schulhof, von wo aus wir fast immer zum Sportplatz marschierten. Hier spielten wir meistens Schlagball, Handball oder Fußball. Einen Sommer, ich mag wohl so 10 Jahre alt gewesen sein, wurde ich zu einem Jugendlager nach Karlum bei Leck „abkommandiert“. Treffpunkt aller Teilnehmer war die Friedrich- Paulsen-Schule in Niebüll. Ich fuhr in der Jungvolkuniform mit einem Koffer, in dem ich meine Handharmonika hatte, nach Wyk, wo wir uns zu mehreren trafen. Mir fiel schon auf, dass die anderen alle Tornister mit aufgeschnallter Decke sowie Brotbeutel und Feldflaschen mit dabei hatten. Aber ich hatte das alles nicht, und es hatte mir auch keiner gesagt. So stand ich dann an der Schule in Niebüll und wäre am liebsten gleich wieder umgekehrt. Ich sollte dann etwas zur Seite treten und warten. Die anderen Jugendlichen traten in Reih´ und Glied an und marschierten los. Plötzlich kam der Bannführer auf mich zu, um mich zu trösten. Dabei sprach er mich auf friesisch an; seine Mutter kam aus Süderende. Er nahm mich mit in sein Büro und ich bekam auch einen Tornister, wie die anderen. Aber nun kam das dicke Ende. Ich bekam ein Skizze in die Hand gedrückt und sollte nun alleine hinterher. Ich war bis dahin erst einmal mit meinem Vater auf dem Festland gewesen und nun musste ich plötzlich alleine hinaus in die weite Welt. Bis zum nächsten Ort ging alles gut, doch dann wusste ich nicht mehr weiter. Ich habe mich an den Wegrand gesetzt und furchtbar geweint. Plötzlich fasst mich jemand an die Schulter. „Na min Jung, wo deit di dat weh?" Gott sei Dank konnte ich Plattdeutsch verstehen, mein Großvater kam von Pellworm und sprach plattdeutsch. Neben uns stand ein Pferdefuhrwerk und der Kutscher fragte: „Wo schast du den hen?" „Ich soll nach Karlum" stotterte ich. „Schast du int´ Jungvolklager?" Ich nickte. „Dann set di man bi mi op den Waag". Gott, war ich froh. So fuhr ich mit Pferd und Wagen durch die Gegend. Ich wusste nicht, wo wir waren. Nach einer unendlich langen Zeit hielt er an und sagte: „Dor dröben, wo de Fahn weiht, dor is dat Lager." Ich bin dann vom Wagen runter, ohne mich zu bedanken oder mich noch einmal umzusehen, nur um die Fahne nicht aus den Augen zu verlieren. Im Lager angekommen, hörte ich ein Kommando: „Raußtreten zum Abendessen!" Meinen Tornister und meinen Koffer ließ ich am Eingang stehen und stellte mich ganz hinten an. Jedenfalls bekam ich zu essen. Mein Hunger muss riesengroß gewesen sein. Nach dem Essen habe ich mich auf der Wache gemeldet. Dort war ich schon auf der Verlustliste und sie waren froh, dass ich da war. Das ich eine Handharmonika dabei hatte, wurde gleich bemerkt. Gleich am ersten Abend war ein großes Lagerfeuer zum Kennenlernen. Dass ich mein Instrument dabei hatte, stellte sich nun als Vorteil heraus. Ich habe gespielt und die anderen sangen dazu. So war ich gleich allen bekannt. Ich war jedenfalls wieder obenauf. Ich muss sagen, die acht Tage gingen wie im Flug vorbei.

Es gibt da auch noch eine Geschichte vom „Roten U", die wird dich interessieren. Bücher zum Lesen gab es in unserer Jugend fast gar nicht. Wenn jemand in der Schule ein Buch hatte, dann machte es die Runde, bis es die meisten gelesen hatten. So ging es auch mit einem Buch, das „Das rote U“ hiess. Nachdem wir es alle gelesen hatten, gründeten Ocke, Markus und ich einen Geheimbund. Bei Markus war hinten in der Scheune ein leeres „Swinhok“ (Schweinestall); es war nur über eine kleine Schweinetür zu erreichen. In der Mitte kam als Tisch eine grosse Holzkiste hin und rundherum kleine Holzkisten zum Sitzen. Zur Aufnahme musste jeder schwören, niemandem etwas über unseren Geheimbund zu erzählen. Es wurde eine Kasse eingerichtet und jeder hatte 50 Pfg. einzubezahlen. Das war für mich das erste mal, dass ich zu Hause gestohlen habe. Ich habe aus dem Geldteller, der oben auf dem Küchenschrank stand, einfach 50 Pfg. herausgenommen. Anschließend hatte ich ein paar schlimme Tage zu durchleben, denn ich habe immer darauf gewartet, dass Vater oder Mutter nach dem verschwundenen Geld fragten. Es ging aber alles gut. Nun weiter zum Geheimbund. Jeden Nachmittag hockten wir zusammen. Wir mussten immer einzeln und alleine unseren Club betreten, damit uns ja keiner mit dem anderen sieht und keinem unser Versteck auffiel. Für das Geld kauften wir Talglichter, Streichhölzer und eine grosse Flasche Brause. Da es Herbst war, saßen wir bei Kerzenlicht. Ein alter Pott mit Holzasche stand in der Ecke. Mit dieser Holzasche rieben wir unsere Gesichter ein. So getarnt ging es auf Raubzug. Jeder musste für sich alleine räubern. Unsere „Beute“ allerdings bestand nur aus einigen Äpfeln, Birnen oder anderen Früchten aus unserem und des Nachbarn Garten. Eines Tages kauften wir uns Zigaretten und 3 Zigarren. Markus und Ocke, die älter waren als ich, machten sich eine Zigarre an, versuchten einen vorsichtigen Zug und fingen plötzlich fürchterlich zu husten an. Trotzdem wurde noch weiter an der Zigarre gezogen. Ich sollte auch. Aber ich hatte eine solche Angst und habe mich geweigert; die Zigarre wurde ausgemacht. Nun sollte ich eine Zigarette anzünden und rauchen. Na ja, im Verhältnis zur Zigarre sollte das ja wohl möglich sein. Ich pulte mir eine `Juno` aus der Schachtel, nahm sie mutig zwischen Daumen und Zeigefinger und wollte sie mir an einem Talglicht auf dem Tisch anzünden. Gesagt – getan. Erst ein kleiner Zug. „Du musst einen ordentlichen Zug nehmen, dann merkst du nichts davon“. Na, dann. Ich fing auch an, fürchterlich zu husten, mir wurde schwarz vor Augen, ich bekam keine Luft mehr und rannte hustend und prustend nach draußen, um mich zu übergeben. Markus und Ocke haben einen solchen Schrecken bekommen, dass sie mich gleich nach Hause brachten. Ich bin dann gleich ins Bett gegangen, so schlecht war mir. Meine Eltern konnten sich gar nicht erklären, was mir fehlen würde. Am nächsten Morgen war ich wieder wohlauf. Zigarren und Zigaretten waren aus unserer Höhle verschwunden. Von nun an lasen wir uns lieber Geschichten vor, bis Markus′ Vater uns bei Kerzenschein entdeckte. „Wollt ihr wohl sofort die Kerze ausmachen“, wurde zur Tür reingeschrieen.“ „Und rauß mit euch, aber ganz schnell.“ Markus hat uns am nächsten Tag erzählt, dass er ordentlich den Hintern voll gekriegt hat. Man muss sich das auch mal vorstellen, was alles hätte passieren können. Der Schweinestall war rundum mit Heu zugedeckt. Wie leicht hätte das brennen können. So endete unser „Rotes U“. Für mich brachte dieses Erlebnis die große Erkenntnis, dass das Rauchen das Letzte ist, was man sich antun muss. Für mich war das Rauchen ab da kein Thema mehr.

Jule stöhnte fast so, als hätte sie alles selber miterlebt.

„Aber Opa, wie war es denn in der Nazizeit. Warst du einer?“

„Nein, Jule. Dafür waren wir Kinder zu klein. Was man aus Gesprächen der Älteren mitbekam, war, dass alle froh waren, dass sie wieder Arbeit hatten. Die Bauern kriegten wieder gutes Geld für ihre Milch und auch Schlachtvieh wurde gut bezahlt. Viele Amerika-Auswanderer kamen wieder nach Föhr zurück und bauten sich schöne Häuser. Vater war in der „Arbeitsfront“. Wir Kinder mussten einmal im Monat Beitragsmarken austragen und für jede Marke 30 Pfg. kassieren. Das war für eine Art Renten- oder Arbeitslosenversicherung. Auch war jede vier Wochen die Gaufilmstelle in der Turnhalle, um Filme zu zeigen. Die Veranstaltungen am Nachmittag für Kinder waren kostenfrei, die Erwachsenen mussten am Abend Eintritt bezahlen. Die Eintrittskarten konnten sie bei uns für 50 Pfg. kaufen. Die Abendfilme waren alle nicht jugendfrei, und so mussten wir uns etwas einfallen lassen, um trotzdem rein zu kommen. Entweder wieder durchs Kellerfenster oder über eine kleine Leiter durch ein Oberlicht. Eines vergesse ich nie: Wir hatten das erste Radio im Dorf. Eines Tages kam der Ortsgruppenleiter zu Vater und sagte ihm, er solle abends den Lautsprecher ins offene Fenster stellen – Adolf Hitler hält eine Rede. Und damit alle mit zuhören können, soll er um acht Uhr das Radio anmachen und auf volle Lautstärke drehen. Da ist mein

Vater ausgerastet. Dann solle er das doch selber machen, fauchte Vater ihn an. Aber dann kam die Drohung. Vater würde schon sehen, was er davon habe, er solle sich das genau überlegen, er müsse sonst mit dem Schlimmsten rechnen. Vater wusste Bescheid und hat das Radio in die Fensterbank gestellt. Viele Leute standen auf der Strasse, wir saßen in der Küche. Seit diesem Tag war die Partei für Vater gestorben. Abends lag Vater unter einer Decke und hörte den englischen Sender BBC, was natürlich keiner durfte, denn ausländische Sender zu hören, war strengstens verboten. Als der Krieg 1939 anfing, war ich 12 Jahre alt und machte mir so meine Gedanken. Von zuhause hörten wir nur Negatives über Adolf Hitler und seinen Eroberungsfeldzug, und auf der anderen Seite wurde man mit Sondermeldungen und Hurrageschrei überschüttet. In der Schule mussten wir jeden Morgen antreten: Stillgestanden – Fahnenweihe. Dann wurde ein markiger Spruch vorgelesen und die Hakenkreuzfahne gehisst. Durchgefroren ging es in die Klasse zurück. Unser Lehrer Vanini verlas den Wehrmachtsbericht vom vorigen Tag und nach dem Gruß „Heil Hitler" durften wir uns setzen. Die Auswirkungen des Krieges bekamen wir nun auch im Dorf zu spüren: Alles wurde rationalisiert. Lebensmittel, Kleider, Schuhe, Zigaretten und Alkohol. Ganz hart bestraft wurde das Schwarzschlachten. Wenn wir es dann doch ab und zu gemacht haben, geschah es nachts. Die Stallfenster wurden verriegelt, das Schwein oder das Schaf im Stallgang geschlachtet, zerlegt, und bis zum nächsten Morgen mussten alle Spuren wieder beseitigt sein.

Wir Kinder hatten auch nicht mehr so viel Zeit um zu spielen. Die meiste Zeit halfen wir in der Werkstatt. Viele von Vaters Schmiedekollegen wurden zum Wehrdienst eingezogen, und so kamen die Bauern von ganz Föhr mit ihren Pferden und Maschinen zu uns in die Werkstatt. Mein Spezialgebiet war das Fahrradflicken. Gummilösung machte ich mir selbst. Ich hatte ein Stück Kautschuk am Strand gefunden. In kleinste Teile zerteilt wurde es in Terpentin aufgelöst und auf ein altes Stück Fahrradschlauch aufgetragen. So konnte es zum Flicken gebraucht werden. Zwischendurch mussten wir den Blasebalg vom Schmiedefeuer bedienen, da der Strom manchmal abgeschaltet wurde. Stromversorger für unsere Nachtischlampe waren mein Bruder und ich selbst. Als wir ein Zimmer bezogen, in dem es kein Licht gab, wurden wir erfinderisch. Wir haben von einer Vorderradgabel eine Seite abgeschnitten und an der anderen Seite ein Vorderrad befestigt. Unten wurde ein Fahrraddynamo angesetzt, der von einem Rad angetrieben wurde. An den Speichen haben wir Windklappen befestigt und das ganze auf dem Schuppendach installiert. Ein dünner Draht spannte sich vom Schuppen zum Dach unseres Zimmers und über eine Dachluke zu einer Fahrradbirne in unserem Zimmer. Es klappte toll. Aber, o Schreck, jedes mal wenn der Wind drehte, mussten wir auf das Schuppendach klettern und das Rad in den Wind drehen. Später haben wir dann lieber ein Loch in die Decke zum Wohnzimmer gebohrt und ein Kabel an die Wohnzimmerlampe angeschlossen. Nun hatten wir richtiges Licht. Von nun an bestimmte Mutter, wann Feierabend war, denn die saß am Schalter im Wohnzimmer, und wenn sie das Licht ausmachte, dann war es auch bei uns dunkel.

Christfried Godbersen schreibt weiter an seiner eigenen Lebensgeschichte und wird auch in unserer nächsten Ausgabe wieder über sich und seine Zeit berichten. Wir bitten den Leser um Verständnis, dass wir nur in Etappen und mit zeitlichen Verzögerungen über das Leben von Christfried Godbersen berichten können. Für Interessierte geben wir hier gern die Adresse unseres Autors an:

Christfried Godbersen
25938 Utersum, Triibergem 32
Tel. 04683 – 842

Schmiede in Oldsum

Karin Hansen

Meine Kinderzeit in Wyk in der Kriegs- und Nachkriegszeit

Als 1939 der zweite Weltkrieg ausbrach, wurde das Seebad Wyk, welches 120 Jahre ohne Unterbrechung Gäste beherbergt hatte, zum ersten Mal geschlossen. Ab 1940 durften keine Besucher mehr auf die Insel reisen, es sei denn, sie hatten eine „Aufenthaltsgenehmigung". Auch unser Großvater musste, von Flensburg kommend, eine solche Genehmigung vorweisen, wenn er uns besuchen wollte. Während des Krieges spürten auch wir Kinder, dass man nicht alles sagen konnte, was man dachte, aber manchmal hörte man doch etwas von den Gesprächen, auch wenn sich die Eltern nur heimlich darüber unterhielten, dass Leute „abgeholt" wurden und erst wieder kamen, wenn sie politisch „umerzogen waren", oder wenn ein Freund mit „Arbeitsverbot" belegt wurde, weil er den „Mund nicht halten konnte!" Eine ganz persönliche Erfahrung aus dieser Zeit war, als ich einer Schulfreundin erzählte, dass die französischen Kriegsgefangenen, welche in der Werkstatt unseres Vaters arbeiteten, mit uns am gleichen Tisch zu Mittag aßen, (das war strengstens verboten), als ich dies zu Hause erzählte, war das für die Eltern ein großer Schreck und am nächsten Tag mussten Alban und Albert an einem Tisch im Nebenraum essen, zwar bei geöffneter Tür, die Unterhaltung ging hin und her, aber es war nur gut, dass ich es erzählt hatte, denn schon kam der Wachmann, der kontrollierte, ob alles der Vorschrift entsprach. Selbst den besten Freunden konnte man nicht trauen, die „Partei" wurde über alles informiert. Bespitzeln des Nachbarn war Alltäglichkeit geworden. Auch hier passte das Wort „Feind hört mit!" Als im Frühjahr 1942 ein Gast, der sich , nachdem er bei dem Bombenangriff auf Lübeck verschüttet gewesen war, in Wyk erholen sollte, mit dem Fernglas die Hallig Langeneß betrachtete, wurde er, weil man glaubte, das wäre ein Spion, verhaftet. Er kam erst nach einem strengen Verhör und, nachdem seine Gastgeber sich für ihn verbürgten, „noch einmal davon".

Einmal im Monat war der sonntägliche „Eintopftag", dann kam der „Blockleiter", in die Küche, um zu kontrollieren, ob es denn wirklich kein Fleisch gab. Unsere Großmutter führte ein recht bescheidenes Leben, in der Woche reichte das Geld meist nicht, um Fleisch auf den Tisch zu bringen, aber ausgerechnet am „Eintopftag" hatte sie ein Huhn geschlachtet, und das schmorte nun auf dem Herd. Sie hatte großes Glück, dass sie von einer Strafe verschont blieb.

Je länger der Krieg dauerte, desto extremer wurde die Situation. Eines Tages wurde die Landung der Engländer am Nieblumer Strand gemeldet: „Invasion!" Später stellte sich heraus, es waren Kinder, welche aus dem Watt gekommen waren. Das Gerücht, damals die hauptsächliche Informationsquelle, kannte aber bereits alle Einzelheiten: einer der„Invasoren" sei ein Neger, man hätte nämlich schwarze Fußspuren am Strand gefunden!

Der Krieg war auch Mittelpunkt der Kinderspiele. Damals konnten die Kinder überall und zu jeder Zeit am Strand spielen, es waren ja keine Gäste da. Es wurden Gruppen eingeteilt in „Deutsche" und „Engländer", die sich natürlich bekämpften, dazu brauchte man Gewehre, Schwerter und Schilde aus Pappe, möglichst aber aus Holz. Es wurden „Bunker" und „Laufgräben" gebuddelt, manchmal zwei Meter und mehr tief. Waren die Anlagen nach tagelanger Arbeit fertig, konnte der Kampf losgehen. Steine flogen hin und her, es gab „Verletzte", welche von „Krankenschwestern" (natürlich die Mädchen), versorgt wurden. Wer keine Lust mehr hatte, blieb einfach als „Toter“ im Sand liegen. Wer aber wirklich einen Stein an den Kopf bekommen hatte, rannte meist schreiend nach Haus, damit die Mutter ein Pflaster darauf machte. Bei solchen Spielen entdeckten wir am Hafenstrand Russen, Kriegsgefangene, welche am Hafen arbeiteten. Kinder sind neugierig und es kam, so gut es ging, zu Gesprächen. Die Gefangenen zeigten Spielzeug, welches sie gemacht hatten. Holzfiguren, welche auf einer Holzleiste befestigt waren, z.B. 2 Bären, 2 Holzhacker oder Bär und Holzhacker, die Leisten ließen sich verschieben, sodass es aussah, als ob zwei Figuren auf einen Holzklotz hackten. Solche Spielsachen kannten wir nicht, und so kam es bald zu einem schwunghaften Tauschhandel. Die Kinder brachten Lebensmittel und bekamen dafür Spielsachen. Gefährlich war es nur, dass der Wachtposten es entdecken könnte, denn die Gefangenen wurden streng bewacht, deshalb versteckten sich immer einige Kinder in den hohen Grashalmen, um rechtzeitig zu warnen, damit der Handel nicht gestört wurde.

Der unmittelbare Krieg kam aber auch nach Wyk. Auf dem Rückflug warfen feindliche Flugzeuge ihre übrig gebliebenen Bomben ab, glücklicherweise fielen die meisten auf freies Feld, in den Lembke-Hain und in einen Garten, hier wurden die Bombenkrater bestaunt. Aber auch zwei Häuser wurden getroffen und ein Todesopfer war zu beklagen.

Man hörte von Frachtschiffen, welche im Wattenmeer von Minen zerstört wurden und an den Strand wurden Minen und Brandbomben gespült, ein gefährliches Strandgut! Eines Tages fanden einige Spielkameraden eine große Hörnermine am Hafenstrand, jetzt wollten sie mal sehen, wie sie „hochging“. Man nahm hinter dem „Flunk“ Deckung und bewarf sie mit Steinen, aber sie explodierte nicht, es war eine entschärfte Mine aus dem 1. Weltkrieg, wie sie lange Zeit auch im Garten des Hotels „Nordfriesischer Hof“ zu sehen war. Diese Kinder hatten noch einmal Glück, aber mehrere Kinder sind damals bei solchen „Spielen“ zu Schaden und zu Tode gekommen! An einem schönen Sommertag sahen wir draußen auf dem Wasser eine riesige Fontaine aufsteigen, kurz darauf ein lauter Knall, eine Seemine war explodiert. Am nächsten Tag fanden wir viele tote Fische am Flutsaum.

Immer öfter heulten die Sirenen bei „Feindeinflug“, „Voralarm“, „Vollalarm“ und zur Erleichterung aller „Entwarnung“. Mitten in der Nacht wurden die Menschen aus dem Schlaf gerissen, um mit dem gepackten Köfferchen in den nächsten „Luftschutzkeller“ zu eilen, niemand durfte in seinem Haus bleiben, darüber wachte der „Luftschutzwart“. In Wyk waren das z.T. 100 Jahre alte Keller, die im Ernstfall alle Menschen unter sich begraben hätten. In großer Höhe hörte man die Bomber am nächtlichen Himmel. Bald kamen die Flugzeuge nicht nur nachts, sondern auch am hellen Tage. Einige Male wurde auch ein Flugzeug abgeschossen, man konnte beobachten, wie es dann, eine Rauchfahne hinter sich herziehend, mit ohrenbetäubendem Kreischen ins Wattenmeer stürzte.

Seit Beginn des Krieges musste alles „verdunkelt“ werden, die Fenster mussten so verhängt sein, dass kein Lichtschein nach draußen dringen konnte, es gab auch keine Straßenbeleuchtung. War jemand bei der Verdunklung nachlässig, gab es eine harte Bestrafung.

In der Nähe der Schule wurden „Splittergräben“ ausgehoben und wir Schulkinder mussten üben, so schnell wie möglich dorthin zu laufen, um Schutz zu suchen.

1944 wurde die „Heimwehr“ ins Leben gerufen. Alte, invalide und kranke Männer, welche nicht Soldat sein konnten, sollten die Insel im „Ernstfall“ verteidigen. Die Insel wurde mit einem Stacheldrahtverhau eingezäunt, es wurden Laufgräben und FLAK-Bunker angelegt. Die Männer der „Heimwehr“ übten mehr schlecht als recht und eines dunklen Abends war Generalprobe. Die Einwohner mussten vor der „Sperrstunde“ im Haus bleiben, denn in Wyk tobte ein „Straßenkampf“. Die Heimwehrleute versteckten sich in Hauseingängen und Hinterhöfen und schossen „echt“ mit Platzpatronen. Danach ging es wieder gemütlicher zu, der Wachdienst spielte Karten, verlor und gewann manche Mark und die Inselpatrouille sammelte am Deich Champignons.

1944 wurden auch immer wieder Fährschiffe von Flugzeugen beschossen und am frühen Abend des 10. Juli wurde auf einer Fahrt von Dagebüll die „Kapitäne Christiansen“ in Brand geschossen. Der Kapitän setzte das Schiff neben dem „Pier“ auf den Sand, deshalb war es sehr schwer an das Schiff heranzukommen, um zu löschen, Verletzte und Tote zu bergen. Die Verletzten wurden auf Rollwagen gelegt und mit Pferdegespannen so schnell wie möglich ins Krankenhaus transportiert.

1943 hatten wir schon gesehen was „Krieg“ bedeutet, als die ausgebombten Menschen aus Hamburg nach Wyk kamen, aber dann kamen die vielen Flüchtlinge auf die Insel, und vor allem die vielen verwundeten Soldaten, welche in Kinderheimen, Hotels und in der Schule untergebracht wurden. Für uns Kinder fiel in dieser Zeit etwa ein Jahr der Unterricht aus. Überall war eine drangvolle Enge und da man in der Schule nicht genügend Betten hatte, mussten auch Schwerverwundete auf dem Boden auf Strohsäcken liegen. Medikamente, Verbandmaterial, vor allem aber Lebensmittel waren knapp. Eines Tages hatte unsere Mutter mehrere Kuchen gebacken, welche mein Vater und ich in das Lazarett in der Schule brachten, zwar konnte nicht jeder etwas bekommen, aber ich werde nie vergessen, wie ein Stück Kuchen, welches ein Verwundeter ohne Arme bekommen sollte, auch noch so durchgeschnitten wurde, dass nur noch ein kleiner Bissen übrig blieb. Anfang 1945 hörte man im Radio, dass sich die „Front" immer mehr nach Westen verschob, trotzdem gab es noch jede Menge „Durchhalte-Parolen", es war immer noch die Rede vom „Endsieg", aber auch in Wyk waren es wohl nur noch einzelne, die daran glaubten. Immer mehr Leute hörten damals den „Feindsender", den Londoner Rundfunk, um informiert zu sein. Alle waren in großer Sorge, wie es weiter gehen würde.

Endlich war der Krieg beendet und Ende Mai kam nach Föhr die englische Besatzung.

Auch auf Föhr wurden die oberen Parteifunktionäre zunächst in ein Lager gesteckt, um „entnazifiziert" zu werden. Bei den „Kleinen" geschah das vor Ort, erst danach durften sie wieder am öffentlichen Leben teilnehmen. Vorher mussten sie aber „Wiedergutmachung" leisten, sogenannte „niedere Dienste" verrichten, wie z.B. Toiletten reinigen, oder nach Muscheln graben, dazu gehörte aber auch, die Insel von der Stacheldrahtumzäunung zu befreien, sowie Bunker und Laufgräben zuzuschütten.

Das Denunziantentum blühte auch jetzt und so geschah es, dass auch Nicht-Partei-Mitglieder „versehentlich entnazifiziert" wurden und zur Strafe Stacheldraht drehen mussten. Als sich die Gemüter wieder beruhigt hatten, musste die Stadt Wyk sie wegen dieser Ungerechtigkeit finanziell entschädigen, d.h. ihnen musste Arbeitslohn gezahlt werden.

Die Soldaten der englischen Besatzung wohnten in den Hotels „Atlantischer-Hof", „Strand- Hotel", „Hotel zur Börse", im „Parteihaus" und in einem Haus des Hamburger Kinderheims, der Chef der Besatzung wohnte in einem Privathaus in der Gmelin-

Straße. Anfangs waren die Engländer recht reserviert und vorsichtig, sie patrouillierten nur zu zweit oder mit mehreren durch die Straßen. Ansammlungen mehrerer Menschen auf der Straße waren verboten, jeder, auch Kinder mussten stets einen Ausweis bei sich haben und konnten jederzeit kontrolliert werden. Als erstes mussten sämtliche Waffen abgegeben werden, die wurden im Keller des „Parteihauses“ gesammelt. Wenn wir Kinder in die Kellerfenster guckten, sahen wir Berge von Waffen aller Art, meist Jagdgewehre, alte Säbel und Degen, welche zur Dekoration an mancher Wand gehangen hatten, aber auch kleine Miniaturkanonen und andere Dinge, z.B. „Fahrtenmesser“ der „H-J“ in Mengen. Alles was an Militär erinnerte lag dort auf einem großen Haufen.

Für Deutschland hieß es nun: „Nie wieder Krieg!“ Das Militär sollte es nie wieder geben!

Nach einiger Zeit lockerte sich das Verhältnis der Engländer zur Bevölkerung. Noch vor den Kindern hatte aber unser Hund „Flocki“, ein Drahthaar-Foxterrier, sich mit den Engländern angefreundet. Er lag ständig in einem der Schilderhäuser vor dem Eingang, schlief oft auch nachts dort, denn hier bekam er reichlich das beste Futter. Wir Kinder wurden von den Soldaten beschenkt mit Schokolade, Obst, Süßigkeiten, Kaugummi, Weißbrot und Zigaretten und machten gegen solche Raritäten auch Tauschgeschäfte, denn man musste auf jede Weise versuchen, etwas zum Leben beizutragen. Das interessanteste war für uns Kinder aber, dass viele der Soldaten beim Mittagessen ihr Gebiss in die Fensterbank legten. Wie es damals hieß, waren vielen Soldaten die Zähne gezogen worden, damit der Zahnarzt während des Krieges nicht benötigt würde.

Bald machten die Soldaten in manchen Häusern Besuche, sie hatten wohl gemerkt, dass es doch auch einige „nette“ Deutsche gab. Es entwickelten sich Freundschaften, welche viele Jahre per Briefwechsel bestehen blieben und fünf Wyker Mädchen gingen als Ehefrauen beim Abzug der Besatzung mit nach England.

Eines Tages fand ich beim Spielen unter der Mittelbrücke, auf einem Balken, zwei Pistolen. Waffen anfassen war gefährlich, deshalb wurde die Polizei informiert. Der Beamte holte die Waffen aus ihrem Versteck und man konnte sehen, dass sie dort schon länger ohne Schutz gelegen hatten, denn sie waren total verrostet, es ging also keine Gefahr mehr von ihnen aus. Vielleicht sind auch diese auf dem großen Haufen gelandet.

Da es kaum Waren zu kaufen gab, stieg man auf Tauschhandel um. Angebot und Nachfrage bestimmten den Wert des Gegenstandes. In der Zeitung wurden Tauschwünsche angezeigt und im heutigen „Kaufring-Geschäft“ gab es eine „Tauschzentrale“. Mangels Ware wurden die zum Tausch angebotenen Objekte mit Bezeichnung des gewünschten Gegenstandes, in den Schaufenstern ausgestellt. Der Interessent ließ sich die Adresse geben, einigte sich mit dem Anbieter und der Handel war perfekt. Auf diese Weise bekam mein Bruder zum Geburtstag einen Fußball im Tausch gegen ein Paar Turnschuhe.

Unvergesslich ist der Eiswinter 1946/47, das gesamte Wattenmeer war zugefroren, die Schiffe konnten nicht mehr zum Festland gelangen, um Lebensmittel, aber vor allem Brennmaterial auf die Insel zu bringen. Erst nachdem Simon Jacobs und Hermann Nissen aus Midlum eine „Eisstraße“ nach Südwesthörn ins Leben riefen, konnten die notwendigsten Güter zu den vielen Menschen auf die Insel gebracht werden. In dieser Zeit wurden in Wyk Brücken und Buhnen abgesägt, der Musikpavillon am Sandwall wurde des nachts so lange ausgehöhlt, bis er zusammenfiel, Straßenbäume, Parkanlagen und der Königsgarten wurden abgeholzt und manch ein Hotel- und Pensionsbesitzer hat nach dem Auszug der Einquartierung Fußböden, Türen, Möbel und sonstiges Inven-

Eiswinter 1946/47

tar vermisst. Unserer Englisch-Lehrerin hatte man sogar die Schiffsmodelle aus den Vitrinen genommen, um sie zu verheizen. Im Haus Große Straße 18 wurde eine „Wärmehalle“ eingerichtet, hier konnte man sich aufwärmen. Auf dem bullernden Kanonenofen wurde das kärgliche Essen warm gemacht, man konnte Kleider und Wäsche trocknen. Auch wir Kinder, wenn wir auf dem Eis eingebrochen waren oder beim „Schippern“ auf den Eisschollen nass geworden waren, trockneten hier unsere Sachen, denn die Eltern sollten von solch gefährlichen Spielen nichts merken. In der überfüllten Wärmehalle war immer eine Luft zum Schneiden, dort wurde auch alles, was in eine Pfeife passte, geraucht. Alte, Junge und viele Kinder hielten sich den ganzen Tag dort auf und suchten die Wärme. Schlimm war es auch, dass in den meisten Häusern das Wasser eingefroren war, ein WC gab es damals nur in wenigen Häusern, aber Trinkwasser musste mühsam besorgt werden. Unsere Nachbarn und wir hatten das Glück, in der Nähe des Rathauses zu wohnen, welches beheizt wurde, so konnten wir unser Wasser von dort heranschleppen.

Eines Tages hieß es, „Helgoland wird gesprengt!“ Die Kaufleute sicherten ihre Schaufenster mit Decken und Holzverschalungen, weil man mit einer ungeheuren Druckwelle rechnete. Nichts passierte! Längere Zeit später, als niemand mehr daran dachte, gab es ein Beben in der Erde, Fenster und Türen zitterten, Scheiben klirrten, blieben aber ganz. Das war Helgoland!

Nachdem im Mai 1947 die englische Besatzung abgezogen war, die Lazarette aufgelöst wurden und auch das im Kinder-Sanatorium-Dr.Schede (heute Klink-Westfalen) untergebrachte Waisenhaus geschlossen wurde, konnte man in einigen Wyker Hotels bereits wieder an Gäste vermieten. In diesem Jahr wurden 4907 Gäste gemeldet! Waren es in den Gründungsjahren des Seebades „Leute von Stand“, meist Adlige oder andere vermögende Leute, waren es um die Jahrhundertwende auch Fabrikanten, Leute aus dem „Großbürgertum“, die sich einen Aufenthalt an der See leisten konnten. Nach dem ersten Weltkrieg war es auch für ein breiteres Publikum möglich, Urlaub an der See zu machen und in den 30er Jahren ermöglichte es die „Kraft durch Freude“ auch Arbeitern und kleinen Angestellten.

Zwischen Juni 1947 und Juni 1948 war in Wyk ein ganz besonderes Publikum zu Gast. In dieser Zeit konnten sich einen Aufenthalt in einem Badeort nur Leute leisten, die ihr Schäfchen durch

Geschäfte auf dem „Schwarzen Markt“ in den Städten ins Trokkene gebracht hatten. Da man die Hotelwäsche hatte abgeben müssen für Lazarette, für Ausgebombte und Flüchtlinge, mussten die ersten Nachkriegsgäste ihre eigene Bettwäsche mitbringen. Sie mussten ihre Mahlzeiten nicht nur bezahlen, sondern auch die Lebensmittelkarten, die es seit Kriegsbeginn immer noch gab, abgeben. Noch besser aber war es, in „Naturalien“ zu bezahlen. Am Strand sahen dann die Wyker Kinder, welche Köstlichkeiten sich diese Gäste leisteten.

In den Schulen gab es nun die „Schulspeisung“, daran durften allerdings Kinder, welche zu Hause Pakete von Verwandten aus Amerika oder CARE-Pakete bekamen und Kinder, welche zur dänischen Minderheit gehörten, nicht teilnehmen. Aber auch diese Kinder aßen überwiegend Kartoffeln, Maisbrot und Muschelwurst und sah man in den Pausen die Klassenkameraden ihre Suppe löffeln, machte sich auch bei diesen Kindern der Hunger bemerkbar. Eine Lehrerin verschaffte sich zusätzliche Essensmarken, sodass in ihrer Klasse die ausgeschlossenen Schüler abwechselnd an der Schulspeisung teilnehmen konnten.

Am 20. Juni 1948 war aber auch dieser Spuk vorbei, es kam der Tag der „Währungsreform“! Früh morgens musste unser Vater mit dem Wyker Feuerwehrauto (viel mehr Autos gab es damals nicht), die Geldpakete in die Dörfer bringen. Auch auf Föhr wurde das neue Geld, 40 „Deutsche Mark“ pro Person, im Umtausch gegen „Reichsmark“ ausgegeben. Jetzt hatte die Kaffee- und Zigaretten-Währung ein Ende! Man hatte wieder „gutes“ Geld in der Hand, jeder gleich wenig! Man musste sich sehr einschränken und hart traf es die kleinen Unternehmer, welche ihren Mitarbeitern Löhne und Gehälter zahlen mussten, aber Mühe hatten, dass ihre Kunden die Rechnung bezahlten.

Über Nacht geschah aber auch ein Wunder, in den Auslagen sah man plötzlich wieder ein Warenangebot, das man aber mit dem wenigen Geld nicht kaufen konnte. Doch jetzt hatte man wieder festen Boden unter den Füßen.

In den ersten Jahren, als man das Geld noch mühsam verdienen musste, wollte man sich Dinge leisten, von denen man in den Jahren der Not nur hatte träumen können. Die Häuser wurden renoviert, die Wohnungen neu eingerichtet, die alten, stabilen, schweren Möbel wurden weggeworfen. Nun wurde Klappsofa und Nierentisch Trumpf! Allerdings hatten diese „modernen“ Sachen keine lange Lebensdauer, vor allem nicht bei der Vermietung, von der jetzt die meisten Wyker lebten. Diese Möbel wurden auch bald wieder unmodern, sodass man sich wieder etwas neues anschaffen musste. So trugen auch die Wyker dazu bei, dass das „Wirtschaftswunder angekurbelt wurde!

Ein besonderes Ereignis war es auch, als der Schornstein der Wyker Ziegelei gesprengt wurde. Alles strömte an den Deich, um Zuschauer bei diesem Schauspiel zu sein, hatte doch die Wyker Ziegelei in vielen Jahrzehnten die Ziegelsteine für manches Föhrer Bauvorhaben geliefert.

In den folgenden 50 Jahren veränderte sich vieles. Die Kinder spielen heute nicht mehr „Straßenversteck", „Dose", „Krone", „Schlagball", „Prellball", „Völkerball" oder „Räuber und Gendarm" in den Wyker Straßen, auch „Gibbeln", „Marmeln", „Länder stechen", „Mutter, Mutter darf ich?", „umgedrehter Heringsschwanz" oder „14 Engel fahren", ebenso „Probe", „Springtau", „Kreiseln" ist passé, man sieht auch kein Kind mehr mit einem speichenlosen Felgen von einem Fahrrad „Ringeln" oder beim Laternenumzug mit einer „V1" rumrennen und „Kriegspielen" ist schon gar nicht angesagt. Der Flunk" ist nicht mehr da, damals ein wichtiger Punkt für die Spiele am Strand. Man kann nicht mehr an einem dicken Schiffstau, das an einem alten Baum befestigt ist, weit über den Königsgartenteich hin schaukeln und man kann sich nicht mehr, verbotenerweise auf die „Schifferbank" setzen, denn die gibt es schon lange nicht mehr.

Heute können die meisten Eltern fast alle materiellen Wünsche ihrer Kinder erfüllen, aber ob ein Computerspiel den früheren Kinderspielen in der Zeit des Mangels ebenbürtig ist, bleibt zu bezweifeln.

Johann Lorenzen

Aus dem Leben eines Föhrer Schuljungen

Ostern 1930 wurde ich, wie damals üblich, als Süderender Junge in die dreiklassige Volksschule Oldsum eingeschult. Wenn ich nun die 70 Jahre, die seit der Zeit vergangen sind, zurückdenke, so ist die Einschulung eine der gravierenden Begebenheiten in meinem bisherigen Leben. Ich kannte von unserem Jahrgang, dem ersten Schuljahr, nur ein Mädchen, vom zweiten Schuljahr, das mit uns im gleichen Raum unterrichtet wurde, jedoch drei Mädchen. Die Jungen waren mir alle unbekannt. In den Pausen war es sehr unangenehm, als einzelner abseits zu stehen. Die anderen Jungen waren mir fremd. Mein Leben hatte sich bisher nur in Süderende abgespielt. Ich kann mich nicht entsinnen, dass ich vor meiner Schulzeit jemals in Wyk gewesen bin, auch nicht zum Jahrmarkt. Ich weiß aber noch sehr gut, dass ich in den ersten Schuljahren in einigen Pausen nach Hause gerannt bin. Dann schickten mich meine Eltern wieder zurück zur Schule.

Zum Fremdsein unter den Schülern kam noch eine unangenehme Sache hinzu: die deutsche Sprache. Fast alle Mitschüler waren bei der Einschulung der deutschen Sprache nicht mächtig.

Trotz anfänglicher Schwierigkeiten habe ich aber die neun Schuljahre in der Volksschule in Oldsum gut überstanden.

In den ersten Schuljahren fing der Unterricht mit einem christlichen Gebet an, in den letzten Jahren mit einem politischen Wochenspruch. Dass damals die Prügelstrafe noch praktiziert wurde, versteht sich von selbst. Ich persönlich bin ohne Prügel durch die Schule gekommen. - Ältere Bürger, die sich nicht selbst gegen die Streiche der größeren Jungen wehren konnten, beschwerten sich beim Lehrer. Der musste die Sache dann durch Prügel oder durch Strafarbeiten bereinigen. - Ein Polizist - es gab nur einen für ganz Westerland-Föhr, der in Wyk wohnte - kam alle paar Wochen mit dem Fahrrad durchs Dorf. Vor dem hatten wir Respekt. Bei einer Begegnung wurde vor dem Polizisten, dem Pastor und dem Lehrer die Mütze vom Kopf genommen und „Guten Tag“ gesagt. Bei den erwachsenen Dorfbewohnern genügte es, „Guten Tag“ zu sagen. Das blieb auch in der Zeit des Nationalsozialismus so. Den Ortsgruppenleiter grüßte man mit „Heil Hitler“.

An die politische Situation auf Föhr um 1930 habe ich nur wenige Erinnerungen. Im Gedächtnis geblieben ist mir beispielsweise eine Kundgebung der NSDAP auf der Wiese vor der Gastwirtschaft in Oldsum. Wie ich heute weiß, waren es junge Männer aus Dithmarschen, die auf einem Marsch von Wyk durch das Watt nach Amrum in Oldsum Station machten. Die meisten trugen ein weißes Hemd und eine schwarze Reithose, dazu Stiefel. Die gefielen mir gut. Die anderen, wohl etwas älteren, hatten ein braunes Hemd und eine braune Hose an. Dazu trugen sie eine komische Mütze auf dem Kopf. Das war nicht mein Fall. Es waren wohl einige hundert Teilnehmer auf der Wiese, dazu viele einheimische Zuschauer und Zuhörer auf der Straße nebenan. Als dann ein Mann, auf einer Holzkiste stehend, anfing zu schreien, bekam ich es mit der Angst und rannte nach Hause.

Auf dem Schulhof bildeten sich in der Zeit um 1930 zwei Gruppen, die eine auf der einen, die andere auf der gegenüberliegenden Seite. Die eine Gruppe hielt den rechten Arm mit geballter Faust nach oben und rief „Heil Moskau“, die andere hielt den rechten Arm mit ausgestreckter Hand nach vorn und schrie „Heil Hitler“. Ich war bei den „Moskauern“, vielleicht, weil die „geballte Faust“ mir besser gefiel als die „ausgestreckte Hand“. Ich weiß es nicht. Von der politischen Lage hatten wir Kinder damals jedenfalls keine Ahnung. Fernseher gab es natürlich noch nicht - und Radios nur ganz vereinzelt. In unserem Hause gab es kein Radio. Das erste Radio bekamen wir, wie die meisten, als nach Ausbruch des Krieges der „Volksempfänger" auf den Markt kam. Als am 1. September 1939 der Krieg ausbrach, hatten in Süderende nur zwei Familien ein Rundfunkgerät. An den beiden Häusern standen in den ersten Kriegstagen viele Dorfbewohner draußen vor den geöffneten Fenstern, um die Abendnachrichten zu hören.

Nach 1933 änderte sich der politische Einfluss auf uns Schulkinder. Wenn der „Führer", so wurde Adolf Hitler genannt, über den Rundfunk eine Rede hielt, versammelten sich alle Schülerinnen und Schüler in der Turnhalle, um die Rede anzuhören. Ich habe von den Führer-Ansprachen wenig verstanden. Die Tonqualität der Übertragung war immer sehr schlecht. Den Inhalt der Hitler-Reden hat wohl kaum einer begriffen. Mit der Zeit ist es der Propaganda - es gab sogar einen Propaganda-Minister - gelungen, Adolf Hitler als einen Halbgott darzustellen, und zwar nicht nur bei uns Kindern, sondern wohl beim größten Teil der Bevölkerung. Meine Eltern konnte aber auch die geschickteste Propaganda nicht zu Nationalsozialisten machen. Ich hätte es damals so gerne gesehen, wenn meine Mutter bei der „Frauenschaft" mitgewirkt und wenn mein Vater in brauner Uniform bei den SA_Männern mitmarschiert wäre. Aber meine Eltern haben mich auch nicht gegen Hitler beeinflusst. Als auf Föhr das „Jungvolk" gegründet wurde, durfte ich gleich mitmachen.

Im Dritten Reich war die Jugend folgendermaßen organisiert: Jungen von 1o-14 Jahren bildeten das „Jungvolk", Mädchen im selben Alter die „Jungmädel", Jungen im Alter von 14-18 Jahren die „Hitlerjugend" (HJ), Mädchen von 14-18 den „Bund Deutscher Mädchen" (BDM). Im Jungvolk und bei den Jungmädeln waren praktisch geschlossen alle Altersjahrgänge organisiert, bei der HJ und beim BDM war das nicht der Fall. - Jungvolk und Jungmädels waren in den Schulbetrieb eingebunden. 1935 und 1936 war der Sonnabend unterrichtsfrei. Man nannte ihn „Staatsjugendtag". Es wurden Geländespiele oder Sportveranstaltungen durchgeführt. Als dann der Staatsjugendtag wieder abgeschafft wurde, legte man diese Veranstaltungen auf den Nachmittag. - Am Mittwochnachmittag war „Heimabend". Unser Jungvolkheim war in der Turnhalle , das der Mädchen in einem leer stehenden Klassenraum. Der jeweilige „Dienst" dauerte zwei Stunden.

Der Oldsumer Jungvolkzug

Der Sport spielte in diesen Jahren eine große Rolle. Bei schlechtem Wetter turnten wir in der Halle an den Geräten, oder wir spielten Völkerball. Bei schönem Wetter beherrschten Handball, Faustball oder Schlagball das Sportprogramm an der frischen Luft. Fußball haben wir damals nicht gespielt. - Von großer Bedeutung war auch der „Dreikampf". Er bestand aus einem Kurzstreckenlauf (60 oder 100 m), Schlagballweitwurf und Weitsprung. Für den Dreikampf wurde fleißig trainiert, denn dafür winkten bei guten Leistungen beim jährlichen Inselsportfest Punkte und eventuell eine Siegerurkunde.

Der Sportplatz der Volksschule Oldsum lag damals in der Nähe der jetzigen Grundschule Föhr-West. Der Fußmarsch von der Schule zum Sportplatz lohnte sich nur, wenn zwei Sportstunden aufeinander folgten. Man marschierte in Dreier- Formation zum Sportplatz - und auch wieder zurück zur Schule. - Das jährliche Spiel- und Sportfest der Inseljugend fand in Nieblum statt. Dort gab es - gegenüber vom heutigen „Osterheide" - einen großen Sportplatz. Die gesamte Föhrer Schuljugend von 10 Jahren an nahm an dieser Großveranstaltung teil, in einigen Jahren auch die Schuljugend Amrums. Bei allen Jungvolk-Veranstaltungen wurde am Anfang und am Ende des Dienstes nach militärischem Muster angetreten. Auch wurde ausdauernd marschiert, und dazu wurden dann meist Lieder regelrecht gegrölt. Auch ging kein Dienst zu Ende, bevor nicht von allen ein dreifaches „Sieg Heil" auf Adolf Hitler ausgebracht worden war.

Das Jungvolk war, wie alle anderen Organisationen der Partei, nach militärischem Vorbild aufgebaut. Jede Formation hatte einen

Führer, der nicht gewählt, sondern vom ranghöheren Dienstgrad bestimmt wurde. So erging es auch mir. Zuletzt war ich „Fähnleinführer, das heißt Jungvolkführer von Föhr-Land und Amrum.

So wie die Schule Pflicht war, so haben wir auch den Jungvolkdienst als Pflicht angesehen. Ob wirklich eine Verpflichtung zu diesem Dienst bestand, kann ich nicht sagen. Jedenfalls weiß ich heute, dass es für einen Diktator leicht ist, die Jugend zu beeinflussen - und dann zu missbrauchen.

Wir Jungen trugen zu den Dienststunden und zu den politischen Aufmärschen die für ganz Deutschland vorgeschriebene Jungvolkuniform. - Während der Ferien gab es keinen Jungvolkdienst. Im Gegensatz zum Jungvolk konnte die Hitlerjugend (HJ) im Westen der Insel nicht recht Fuß fassen. Es wurde mehrfach ein Anlauf genommen, aber ohne rechten Erfolg. Das mag - so nehme ich an - wohl daran gelegen haben, dass fast alle Jungen nach der Schulentlassung Mitglied im „Hualewjonken" wurden, dem traditionellen Zusammenschluss der männlichen Dorfjugend. In diesem Verein hatte die Politik keinen Einfluss.

Eine Unterorganisation der NSDAP war der Reitersturm. Zu ihm gehörten Männer, die mit ihren eigenen Pferden Reitsport betrieben. Diese Organisation besaß ein Jugendabteilung, in der ich mitgemacht habe. Bis zum Kriege gab es in Wyk in der Feldstraße einen Reitstall mit überdachter Reitbahn. Wer Besitzer der Pferde und der Anlage war, ist mir nicht bekannt. In den Wintermonaten hielt der Reitersturm an zwei Abenden im Monat dort mit den Pferden des Reitstalls seine Übungen ab. Wir Jungen durften dabei sein - und auch reiten. Das war für uns eine schöne Sache. Ein Lastwagen, auf dessen mit Segeltuch überspannter Ladefläche Bänke gestellt waren, fuhr von Dorf zu Dorf, sammelte die Teilnehmer ein und brachte sie zum Reitstall. Nach dem Reiten brachte der Lastwagen alle Teilnehmer dann wieder zurück in ihre Dörfer.

Ein großes Ereignis für mich war es, als der Reitersturm an einem Wochenende ein Turnier auf Amrum abhielt. Etwa 30 - 40 Reiter, dazu einige Pferdegespanne, zogen von Utersum aus durch das Watt nach Amrum. Am Nachmittag wurde unter großer Anteilnahme der Inselbevölkerung und der damals noch nicht so zahlreichen Kurgäste das Turnier durchgeführt., abends war großer Reiterball in Nebel. Bei der Tombola wurde ein Pony verlost, das wir von Föhr mitgebracht hatten. Ein älterer Herr von Amrum war der glückliche Gewinner. Wir Jungen und die Männer, die keine private Unterkunft auf der Insel hatten, durften bei einem Bauern in Nebel in der Scheune schlafen. Die Nachtruhe wurde immer wieder gestört, denn in kurzen Abständen kam jeweils ein „Reiterstürmer“ in die Scheune, um seinen Schlafplatz zu suchen. Das ging nicht leise vonstatten, weil die Männer stark angeheitert waren. Aber für uns war es eine Genugtuung, als größere Schuljugend Mitglied in der Männerwelt zu sein. - Am nächsten Tag zog die Kolonne wieder nach Föhr zurück.

Eine Jugendfeuerwehr gab es in den dreißiger Jahren im Westen der Insel nicht. Vor 1933 bestand aber ein Jugend-Kriegerverein. Bis 1945 gab es auf Föhr drei Kriegervereine. Mitglieder waren die Reservisten des Militärs. Unser „Kampfgebiet“ war die damals noch sehr große Toftumer Heide oder Monklembergem, zu dieser Zeit noch mit Tannen bewachsen. Für den Kampf wurden zwei Parteien gebildet. Jeder Junge war mit einem 9o cm langen Stab bewaffnet, mit dem gefochten wurde. Berührte man den Gegner mit dem Stab, musste er ausscheiden. Sieger war die Partei, die den oder die letzten Kämpfer stellte. - Der Jugend-Kriegerverein führte , wie die Alten, einmal im Jahr einen Kriegerball durch. Dieser Ball wurde in einem leer stehenden alten Wohnhaus in Oldsum, „Villa Po“ genannt, veranstaltet. Dazu wurden Mädchen eingeladen. Es wurde nur getanzt.

Neben den politischen und schulischen Veranstaltungen gab es auch andere Begebenheiten, die für uns Jungen von Bedeutung waren. So ein Ereignis war das Biiken. Vor dem Biiken durften wir, wenn kein Schnee lag, das abgestorbene Gras in den Gräben oder auf den Erdwällen abbrennen, ebenfalls die damals noch vorhandenen Heideflächen. Es wurde in den Schulpausen verabredet, wenn es am Nachmittag losgehen sollte. Die Mädchen durften dabei sein. - Das Biiken am 21. Februar war Sache der Schulkinder. Als Brennmaterial gab es nur Stroh, weil man Buschwerk auf der Insel kaum kannte. Das bisschen, das vorhanden war, wurde zerhackt und zum Kochen auf dem häuslichen Herd verwendet. Elektroherde oder Gasherde waren natürlich noch unbekannt. Als Brennmaterial wurden vor allem Steinkohlen genutzt. - Stroh gab es nahezu in jedem Haus, weil fast alle Familien jedenfalls eine Kuh hielten. Wer von der Landwirtschaft lebte, hatte bis zu 1o Kühe, dazu Kälber und Jungvieh. Während wir uns bei den kleinen Betrieben mit ein paar Bund Stroh zufrieden geben mussten, durften wir - bei guter Ernte - in größeren ein ganzes Fuder abholen. Wir Kinder zogen und schoben einen Ackerwagen von Haus zu Haus, um das Stroh einzusammeln. Wenn der Wagen voll war, kam meist ein Bauer oder ein großer Schuljunge, der das väterliche Pferdegespann haben durfte, um das Fuhrwerk zur höchsten Erhebung der Gemeindefeldmark zu fahren, dem Biikeplatz. Trecker gab es damals bei uns noch nicht. Auf dem Biikeplatz wurden zwei Strohhaufen aufgeschichtet, ein kleinerer, der angezündet wurde, und ein größerer, von dem nachgelegt werden mußte. Auf dem größeren Haufen tobten zunächst die kleinen Kinder, bis alle Strohbunde verbrannt waren. Zuständig für das Nachlegen waren die großen Jungen. Die Verantwortung für das Biiken - vom Einholen der Genehmigung beim Bürgermeister über das Durchführen bis zum Aufräumen des Biikeplatzes - trugen die Konfirmanden.

Am 14. März 1920 haben unsere Vorfahren darüber abgestimmt, ob sie weiterhin zu Deutschland oder ob sie in Zukunft zu Dänemark gehören wollten. Die Mehrheit stimmte für Deutschland. Anfang der dreißiger Jahre - wahrscheinlich auch schon in den Zwanzigern - versammelte sich am Abstimmungstag die Schuljugend abends auf dem Schulhof, um dann durch Süderende, Odsum, Klintum und Toftum zu ziehen. An den Häusern, in denen Leute wohnten, von denen man wusste, dass sie dänisch gesinnt waren, wurde Halt gemacht und laut gegrölt:

Es hat der Fürst vom Inselreich uns einen Brief gesendet. Er hat uns nun auf einen Streich die Herzen umgewendet. Wir rufen nein und aber nein zu solchem Einverleiben. Wir wollen keine Dänen sein, wir wollen Deutsche bleiben.

Dabei kam es vor, dass wir mit einer Peitsche vom Grundstück vertrieben wurden. Zu Toleranz gegenüber anders Denkenden sind wir nicht erzogen worden. An den beiden Ostertagen traf sich die gesamte Schuljugend auf einer bestimmten Wiese, um mit gefärbten hart gekochten Hühnereiern zu werfen. Einige nahmen eine Schleuder mit. Das war ein kleines Stück Leder, an dem zwei 60-70 cm lange Bindfäden befestigt wurden. Das Ei legte man in das Lederstück, ein Band, an dem eine Schlaufe war, streifte man über den Mittelfinger, das andere Band wurde zwischen Zeigefinger und Daumen festgehalten. Nach einigen Umdrehungen mit gestrecktem Arm ließ man das Band zwischen Daumen und Zeigefinger los, so dass das Ei aus der Schleuder fliegen konnte. Auf diese Weise wurde das Ei bis zu 2o m und mehr hoch geschleudert. Besonders starke Eier hielten das mehrfach aus, ohne zu zerbrechen. - Zu naschen gab es zu Ostern - wie auch bei anderen Gelegenheiten - nur wenig, und zwar nicht aus gesundheitlichen Gründen, sondern weil das Geld überall knapp war.

Der 1. Mai wurde erst nach 1933 ein Feiertag. Die Veranstaltungen gestaltete die NSDAP. Beim Umzug durch unsere Dörfer marschierte auch das Jungvolk mit. Auch an der anschließenden Kundgebung auf der Wiese vor der Gastwirtschaft in Oldsum nahmen wir teil. Einmal hatte diese Veranstaltung einen mehr volkstümlichen Charakter. Die Männer führten unter anderem einen Stafettenlauf durch.. Da haben wir Kinder uns gewundert, wie schnell die alten Herren laufen konnten, denn verheiratete Männer trieben damals keinen Sport. - Für die Frauen war die Achse eines Ackerwagens bis zur Hälfte in den Boden eingegraben worden. Auf die senkrecht herausragende Seite hatte man ein Wagenrad gesteckt. Auf diesem Rad lag eine befestigte längere Leiter. Auf einem Ende der Leiter hatte man einen Wagenstuhl montiert. Auf diesem Stuhl nahm eine Dame Platz, die dann von kräftigen Männerhänden im Kreise gedreht wurde. Mit einem bleistiftartigen Stab musste die Dame dann einen Ring treffen, der an einem Galgen hing. - Am Abend war in der Gastwirtschaft „Maifeier". Die Polizeistunde, die sonst Veranstaltungen um 1 Uhr beendete, war an diesem Tag aufgehoben. An dieser Maifeier durften auch die Jugendlichen, die konfirmiert waren, ohne Begleitung durch die Eltern teilnehmen. Das Jugendschutzgesetz war ähnlich wie heute. Ein großer Unterschied bestand wohl darin, dass damals die Polizei oder die HJ-Streife wirklich hart durchgriffen.

Wir Jungvolkjungen mussten mitunter an größeren Veranstaltungen in Wyk teilnehmen. Unser Verkehrsmittel war das Fahrrad. Einmal versammelten wir uns auf dem damaligen „Platz der SA" - heute Rosenbeet - in der Mittelstraße. Wir Jungen vom Lande erschienen alle in kurzen Hosen. Die so genannten Skihosen kamen erst später in Mode. Zu den kurzen Hosen trugen wir, wie stets im Winterhalbjahr, von Mutter oder Groß-

Johann Lorenzen als Fähnleinführer

mutter selbst gestrickte Wollstrümpfe, die bis zum Po reichten. Von den Wyker Jungen wurden wir oft der Strümpfe wegen gehänselt. Die trugen auch im Winter Strümpfe, die nur bis zum Knie reichten. Ein deutscher Junge mußte abgehärtet werden! - Bei der besagten Kundgebung standen wir Landjungen in unseren schwarzen Wollstrümpfen der Wyker Formation gegenüber. Uns entging nicht, dass ihre blau gefrorenen Knie zitterten. Da haben wir uns den Wykern überlegen gefühlt. Meist war es umgekehrt.

Eine jedes Jahr wiederkehrende Veranstaltung der Föhrer Jugend war das Sportfest in Nieblum. Anfang der dreißiger Jahre waren die Schulen die Veranstalter, später übernahm die Partei auch dieses Fest. Zu allen Partei-Zusammenkünften trugen wir Jungen wie auch die Mädchen Uniform.

Was haben wir Schulkinder in Süderende sonst außerhalb der Schulzeit gemacht. Wir gehörten zwar zur Oldsumer Schule, blieben aber Süderender. Bei gutem Wetter war Treffpunkt auf dem „Stich“, der Durchgangsstraße. Weil es in Süderende nicht so viele Schulkinder gab, haben wir die Spiele, die auf der Dorfstraße möglich waren, gemeinsam gespielt: Jungen und Mädchen, groß und klein. Je nach Jahreszeit waren das Murmelspiele, Hinke-pinke, Springtauhüpfen, Kegeln. Pick-Pahl spielten nur die Jungen, Ballspiele gegen die Wand nur die Mädchen. Wenn es in den Sommermonaten abends länger hell blieb, traf man sich zu „Ich hab dich“, „Haa´n“, „Kuuke, luuke am a huuke“ oder „Ruuwen uun a rütjen“.War es abends dunkel, spielten wir „Begegnen“.

Wir Jungen sind in unserer Freizeit im Frühjahr, wenn die Vögel ihr Gelege hatten, oft in der Feldmark umhergestreift. Ein Ei durften wir aus jedem Nest, das wir fanden, mitnehmen. Die Eier wurden ausgepustet und zur eigenen Eiersammlung gelegt. Doppelte Exemplare tauschte man bei einem Freund gegen ein in der Sammlung noch fehlendes Ei ein.. So war es auch mit Briefmarken. Jeder Junge besaß eine Eier- und eine Briefmarkensammlung. In diesem Zusammenhang möchte ich noch anmerken, dass in den dreißiger Jahren der Austernfischer, die Silber- und die Sturmmöwe auf Föhr nur vereinzelt brüteten. Lachmöwen waren gar nicht vorhanden, Seeschwalben gab es nur selten.

Abschließend möchte ich hoffen, dass dieser Bericht dem Leser einen kleinen Eindruck vom Leben eines Föhrer Jungen vor 60-70 Jahren vermittelt.

Mile Koops

Als wir noch nicht Nationalpark waren...

Ich habe die Erinnerungen von Max Lorenzen an seine Kindheit hinter den Deichen Nordfrieslands mit starker Anteilnahme gelesen – in vieler Hinsicht erinnern sie mich an meine eigenen elf Jahre, die ich hinter dem Horsbüller Deich verbrachte. Manches war natürlich auch anders; ich bin um ein Jahrzehnt jünger, was um die Zeit von 1925 – 35 sehr viel ausmachte. Das Entscheidende war aber wohl doch, dass wir nur Horsbüller „auf Zeit" waren. Ich wuchs in einem Lehrerhaushalt auf und war durch meine Eltern stark „föhrgeprägt". Neben der „Nordfriesischen Rundschau" kamen täglich die „Föhrer Zeitung" und der „Föhrer Lokalanzeiger" ins Haus. Als der Schulrat die Horsbüller Osterküken 1929 auf Lese- und Rechenfertigkeit überprüfte, kam ihm die Belesenheit einer kleinen Schülerin so verdächtig vor, dass er annahm, sie habe die halbe Fibel auswendig gelernt. Mein Vater amüsierte sich und sagte am Ende ganz ruhig: „Das Kind liest zu Hause die Zeitung". Dafür rechnete es dann absolut durchschnittlich. Wir sprachen zu Hause „fering“, mein Vater und ich beherrschten aber auch die Wiedingharder Mundart, ohne die man damals in Horsbüll kaum auskam. Die schöne Horsbüller Schule, gerade 13 Jahre alt, als wir dort einzogen, lag irgendwie am Ende der Welt. Manche Kinder hatten sehr weite und besonders im Winter schwierige Schulwege; sie brachen dann in der Dunkelheit von zu Hause auf und kamen an zwei Tagen der Woche erst in der Dunkelheit wieder heim. Die Verkehrsanbindung war sehr unvollkommen – ohne den Individualverkehr wäre sie es noch heute. Vom Horsbüller Deich aus sah man Föhr als grauen Streifen mit ein paar Erhebungen (Kirchen, Mühlen, Baumgruppen) am Horizont liegen – ein rüstiger Wanderer hätte die paar Kilometer in ein paar Stunden überwinden können. Leider lag das Watt mit seinen Prielen und Flutzeiten dazwischen. So kam man nur in den Ferienzeiten über den Umweg Klanxbüll- Niebüll-Dagebüll ins gelobte Land zu den Großeltern, deren Haus unter der höchsten Baumgruppe am rechten Ende des Streifens lag. Wir hatten in Horsbüll angenehme Nachbarn, mit denen die Verbindung nie ganz abgerissen ist. Viele Schulkameraden unserer Jahrgänge sind im Krieg gefallen, und viele haben das Dorf verlassen, das wenig an Entwicklungsmöglichkeiten bot. Für uns Kinder war es bedauerlich, das man ausserhalb der Schulzeit wenig Kontakt mit Gleichaltrigen hatte – Horsbüll war ein Dorf, das aus Warftsiedlungen und Einzelhöfen bestand, die z.T. recht weit von einander entfernt lagen. Die fröhliche Gemeinschaft der Schulkinder untereinander empfanden wir in den Föhrer Dörfern ungeheuer anziehend. Die ganze Schuljugend vom jüngsten Grundschüler bis zum Konfirmanden, männlich und weiblich, fand sich nachmittags zusammen, um zu gipseln, zu lööpern, zu kegeln oder Völkerball zu spielen. Alles spielte sich auf der Strasse oder auf dem Gehsteig ab. Dieses Zusammenleben war natürlich nur in den enggeschlossenen Dörfern Föhrs möglich. In den Weihnachtsferien

Für den Sonntag schick gemacht.

zog man mit den anderen Dorfkindern am Vormittag des 1. Weihnachtstages in die gegenseitigen Häuser, um den Tannenbaum und die Geschenke zu bewundern. Ich habe nie erlebt, dass Neid aufkam. Gleich nach den Weihnachtstagen hockten dann Gruppen wie Verschwörer zusammen, die berieten, als was man „ütj tu kenknin" gehen sollte – was sollte gesungen werden? Wie sollte man sich verkleiden, um nicht erkannt zu werden? „Ütj tu kenknin" war für uns eine Art Karneval. Die Häuser in denen „Kenkner" willkommen waren, zeigten es durch offenstehende Haustür und helles Licht auf dem Flur an. Drinnen im Wohnzimmer wartete eine ganze Anzahl von Freunden und Nachbarn auf die Liedervorträge. In der Küche schenkte oft der Hausherr einen Punsch aus – dadurch wurde die Silvesternacht lustig und laut. Die erwachsenere Jugend tanzte dann „bei Max" in den Neujahrsmorgen hinein. In Horsbüll erlebte ich am Silvesterabend „Rummelpottläufer". Es warten nur wenige Gruppen, die in der Dämmerung auftauchten. Auch sie waren verkleidet, sangen aber nicht, sondern schrammten mit einer Art Fiedelbogen auf einer Schweinsblase herum, die an einem Stab zusammen mit Blechdosen befestigt war. Auch sie wünschten ein gutes neues Jahr. Das grosse Fest des Sommers war hüben und drüben das Kinderfest am letzten Tag vor den Sommerferien. Da die Ferien auf Föhr eine Woche später begannen, feierte ich zweimal, in Oldsum „ausser Konkurenz", wie mir meine Mutter eingeschärft hatte. In Horsbüll versammelten sich Erwachsene und Kinder im besten Sonntagsstaat bei „Hemsen". Vor der Polonaise gab es eine Kaffeetafel, zu der die Mütter Berge von Kuchen angeliefert hatten. Dann wurde getanzt, und es wurden kleine Spiele aufgeführt. Die Mädchen strahlten in bestickten Voilekleidern. Auf Föhr war zunächst der „Rundzug" dran. Hinter der Musikkapelle marschierte man paarweise unter Blumenbügeln zu „Max". Auf dem Saal entfaltete sich dann eine Pracht, wie sie in Horsbüll nie möglich

Mein Bruder und ich im „Matrosen-Zwirn"

gewesen wäre. Fast alle Mädchen trugen Durchsichtiges aus Organdy oder Kunstseide mit vielen Volants und Schärpen. Dieser Luxus – alle Pastellfarben waren vertreten – stammte aus Amerika, wo fast jede Föhrer Familie freigiebige Verwandte hatte. In „Voile" oder „Meldorfer Gewebtem" kam man sich dieser Pracht gegenüber ziemlich schäbig vor.

Da wir nun einmal bei der Bekleidung angelangt sind – weit entfernt von der heutigen Wegwerfmode setzte man in den zwanziger Jahren auf Dauerhaftes. „Aus Alt mach Neu" war bei der Geldknappheit in damaliger Zeit nichts, über das man die Nase gerümpft hätte. Bleyle und Kübler waren Trumpf, solide Strickwarenkleider und –anzüge, die 2-3 Jahre vorhielten und dann die Matrosenmode! Man hatten einen Faltenrock (dunkelblau) mit einem dunkelblauem Satinleibchen, das 2 oder 3 auszulassende Querfalten aufwies – die Falten wurden dann, je nachdem , wie man gewachsen war, aufgetrennt. Dazu trug man eine Bluse aus passendem Wollstoff mit spitzem Halsausschnitt. Den „Latz" dafür, den Matrosenkragen mit Knoten und Manschetten kaufte man fertig. Ich meinte immer, dass diese militärische Mode der deutschen Marinebegeisterung zuzuschreiben war. Offenbar war sie international; vor Jahren stiess ich auf ein Taschenbuch „Wir trugen immer Matrosenkleider" von einer italienischen Autorin mit Mädchennamen Agnelli, sie war die Enkelin des „Fiat" Gründers. Die konnte eigentlich nichts mit des „Kaisers blauen Jungs" zu tun gehabt haben. Mein Bruder trug die gleiche Uniform von Bleyle – offenbar fand man sie auch in den Dreissiger Jahren noch schick. Die „Marinezeit" wurde dann nach 1933 von der „Kluft"

Einweihung des Hindenburg-Damm 1927

der Jungmädel und des Jungvolkes abgelöst, deren Röcke und Hosen mit zivilem Oberteil wieder sparsame Kleidungsstücke darstellten.

Ein Tag im Sommer 1927 bescherte den Dörfern der Wiedingharde ein besonders Erlebnis: Die Einweihung des Dammes nach Sylt. Der Reichspräsident von Hindenburg erschien selbst, um den Eisenbahndamm, der seinen Namen tragen sollte, einzuweihen. Man wusste, dass er in Klanxbüll den Zug verlassen würde, um die Kriegervereine zu begrüssen. Wer irgend abkömmlich war, zog an jenem Tag zum neuen Bahnhof nach Klanxbüll, natürlich auch die grösseren Schulkinder mit ihren Lehrern. Unser Nachbar, der Kaufmann Andreas Petersen, besass gerade ein neues Auto; er bot der Frau von Vaters Kollegen und meiner Mutter an, sie mitzunehmen. Seine eigene Frau musste den Laden hüten und daneben noch die kleine Haselofftochter und mich. Wir fühlten uns „abgestellt", aber Tante Lucie, die uns liebte, wusste uns zu trösten. Leider war der Schokoladenschrank nicht zugänglich – Onkel Andreas hatte in weiser Voraussicht den Schlüssel nach Klanxbüll mitgenommen. Tante Lucie wusste Rat: Sie rührte aus Butter, Kakao und Zucker eine Creme zusammen, klatschte einen Löffel davon auf einen Leibniz-Keks und drückte einen zweiten obendrauf. Wie das schmeckte! Wir aßen, als ob wir tagelang gehungert hätten. Nachmittags wünschten unsere Mütter wohl, dass sie uns nicht bei Tante Lucie im Laden gelassen hätten. Ich besitze noch zwei Fotos von jenem denkwürdigen Tag: Der Präsident überschreitet, den Zylinder in der Hand, die Gleise in Begleitung des Landrats und zweier Herren, deren Rat uns im Januar 1933 die

Hindenburg, Bahnhof Klanxbüll

Hitlerdiktatur bescheren sollte; des Staatssekretärs Dr. Meissner und Oscars v. Hindenburg, seines Sohnes und Adjutanten. Der letzte ältere Kollege meines Vaters war Julius Feddersen, der kurz vor der Pensionierung stand. Damals „erledigte" mein Vater alles, was dem alten Herrn schon schwer fiel, Vorbereitung des Sportfestes, das alljährlich in Neukirchen stattfand, vor allem aber die Vorbereitung der Schulweihnachtsfeier, die in jedem Jahr kurz vor den Weihnachtsferien das ganze Dorf in „Hemsens Gasthof" zusammenführte. Julius Feddersen war unverheiratet; mit ihm zogen seine uralte Mutter und seine Schwester Ingeburg in die andere Lehrerwohnung. Merkwürdig – ich fühlte mich bei ihnen unbeschreiblich wohl, obwohl es ein stiller Hauhalt war. Auf dem Schreibtisch stand eine kleine Kopie von Thorwaldsens segnendem Christus, und an der Wand hing „Dante und edle Frauen von Ravenna". Den kannte ich also lange bevor ich nach Florenz und Ravenna kam. In Erinnerung blieb mir auch „Treu", der weisse Spitz. Nach Feddersens Pensionierung übernahm mein Vater die Schulleitung, und ein junges liebenswürdiges Ehepaar zog in die Nachbarwohnung ein. Mein Bruder kam 1934 zur Schule, las keine Zeitung, sondern belehrte den Schulrat darüber, wie man Weizen säe. Die nachmittäglichen Schularbeiten hasste er. Eines Tages berichtete er stolz, diese Arbeit schon früh erledigt zu haben. „Mit Lachen oder Weinen?" fragte Tante Jacobsen. „Mit dem Griffel" antwortete mein Bruder wahrheitsgemäss. Während der Adventszeit fanden in Niebüll die Weihnachtswerbewochen statt. Busse fuhren über die Dörfer, um Kunden in die Niebüller Geschäfte zu holen. Für die Kinder gab es Märchenvorstellungen und danach erschien der Weihnachtsmann auf dem Markt auf einem von Pferden gezogenen Wagen. Bei einem jener Märchenspiele (Hänsel und Gretel) tanzte die Hexe auf einem Besen herum und sang, dass sie auf dem Weg zum Blocksberg sei. Plötzlich drehte sie sich zum Publikum um und sagte: „Ach, Kinder, ihr wisst ja gar nicht, wo der Blocksberg ist!". „Doch", rief ein Junge, „bei Maasbüll!" – Ob die Hexe das wusste? Niebüll und Wyk waren für uns Landkinder damals richtige Städte. Als ich im Herbst 1932 zehn Jahre alt wurde, kam die Frage der Umschulung auf. Vater besprach sie mit Herrn Schilken von der FPS, der mich in Deutsch und Rechnen prüfte, und meinen Eltern riet, mich erst drei Jahre später auf die Aufbauschule zu schicken. „Das Abitur schafft das Kind auch in sechs Jahren" hiess es. Herr Schilken sah ganz einfach den täglichen Stress des Schulweges für eine Zehnjährige. Tatsächlich schaffte ich dann das Abitur in fünf Jahren, nachdem man die beiden Sekunden zusammengelegt hatte. Heute diskutiert man über eine 12jährige statt der 13jährigen Schulzeit. Dass das kein so grosses Problem ist, zeigen unsere Jahrgänge. Die Frage ist nur, was an Lehrstoff gestrichen werden soll. Vielleicht wäre es auch sinnvoll, die Kinder früher einzuschulen. – Mein persönliches Schulproblem gestaltete sich ganz anders, als wir 1935 nach Föhr zogen, wo ich zunächst in eine Untertertia hineinversetzt wurde, die bereits drei Jahre Französisch gelernt hatte (das Pensum musste in 5 Monaten aufgeholt werden) und mit Buchstaben rechnen konnte, wovon ich keine Ahnung hatte. Dass mir dieser Crashkurs im Französischen gelang, verdanke ich der Konsequenz und der Begabung meines Vaters für Fremdsprachen. Zwei Jahre später war dann die „Oberschule für Mädchen in Aufbauform" in Rendsburg dran (1 Jahr Latein aufholen). Irgendwie hatt´s geklappt trotz Heimweh und anfänglichen Trotzens. Mit meiner „Heimwehtrösterin" verbindet mich bis heute herzliche Freundschaft. Heute wird uns oft vorgehalten, dass in Deutschland Schul- und Studienzeiten im Vergleich zum Ausland zu lange dauern. Man fragt sich, wo gekürzt werden kann. Ich selbst bedaure es, dass ich nicht als Zehnjährige auf eine Oberschule gekommen bin, obwohl ich auf der Volksschule und auch in den beiden Wyker Jahren gute Lehrer hatte. Mir hätte der „gymnasiale" Lehrplan einfach gut getan. Die Klage wegen langer Ausbildungszeiten sollte man an die Verwaltung richten, die es nicht schafft, die Übergänge von einem System ins andere ohne lange Leerlaufzeiten zu bewerkstelligen. Diese „Leerlaufzeiten" dauerten zu unserer Zeit wenige Wochen, heute oft ein ganzes Jahr. Da hängt man zwischen Abitur und Studienabschluss und Referendariat, bzw. Assistentenzeit und nach Abschluss der 2. Prüfung viele Monate lang herum. Die Frage ist doch, ob sich hier nicht etwas straffen lässt.

Die Wyker Dampfschiffs-Reederei hat es geschafft, den tidefreien Verkehr zu den Inseln durchzusetzen. Wir als „Föhrtouristen" der zwanziger und frühen dreissiger Jahre haben verschiedene Anläufe versucht, um den umständlichen Klanxbüll-Niebüll-Dagebüll-Umweg zu verkürzen. Mein Vater verfiel auf die Idee, dass ein Motorrad die Isolation durchbrechen könnte; schliesslich musste man ja gelegentlich auch nach Niebüll. Das Motorrad hieß

„Grade". Schweres Gepäck musste vorausgeschickt werden, auch das liess sich mit „Grade" machen. Dann ging's los. Vater auf dem Fahrersitz, Mutter auf dem Sozius, ein kleiner Koffer dahinter, ich vor Vater auf dem Tank. Irgendwo in Diedersbüll sprang ein Hase auf, ich jubelte laut und reckte den Arm in die entsprechende Richtung. „Grade" kippte um – wir sammelten uns gegenseitig auf, Vater und Mutter berieten, was zu tun sei. Vater bestieg „Grade" und dampfte ab nach Dagebüll, um von dort den Toftumer Gemeindevorsteher anzurufen – er war einer der wenigen, die damals ein Telefon hatten. Der musste die Grosseltern benachrichtigen, dass wir erst den späteren Dampfer nehmen würden. Mutter und ich wanderten zur nächsten Bushaltestelle, wo mir Frau Volquardsen eine Schramme an der Stirn zupflasterte. Also diesmal mit dem Bus nach Niebüll, weiter wie gewohnt. Auf dem Schiff vergatterten mich meine Eltern, nichts von dem Unfall zu erzählen – dazu war jedoch das Pflaster an der Stirn zu interessant. Meine Grosseltern waren informiert, noch bevor wir das Schiff verlassen hatten. Irgendwann, ich weiss nicht mehr zu welchen Ferien, bot sich Onkel Andreas an, uns in seinem Auto nach Dagebüll zu fahren. Als wir eingestiegen waren, versuchte er, den Motor mit einer Kurbel in Gang zu setzen. Es blubberte ein bisschen, dann war's wieder still. So ging's wieder und wieder. Ich stieg aus, weil mich das Ding interessierte. Als dann nicht mal mehr ein Blubbern erfolgte, sage ich: „Onkel Andreas, dein Auto ist ein Scheissauto." Das Gesicht meiner Mutter nach dieser Entgleisung habe ich nie vergessen. Onkel Andreas schmiss die Kurbel hin und sagte: „Du hat Recht!". Wieder musste der Toftumer Gemeindevorsteher einspringen. Von der Zeit an liessen wir uns von einer Dagebüller Taxe befördern, bis wir, auch mein Bruder, unsere Räder mit in die Sommerferien nahmen. Von der Zeit an liessen wir uns von Südwesthörn von einem Wyker Motorboot abholen. Als wir an einem der letzten Ferientage wieder zurück mussten, hatte Vater Herrn Ferchens „Schwan" bestellt. Nachts war es so sehr stürmisch gewesen, so dass wir schwankten, ob wir die Fahrt wagen sollten. Jacob Ferchen sah keine Probleme; so wagten wir eine Fahrt, die keiner von uns vergessen hat. Seekrank wurden wir nicht. In Südwesthörn riet meine Mutter Herrn Ferchen, sein Schiff festzumachen, bei uns in Horsbüll zu übernachten und am nächsten Tag zurückzufahren. Er lachte nur und kehrte sofort um. Lange verfolgten wir vom Deich aus das Schiff mit den Augen;

es war ein grausames Rauf und Runter. Diesmal kam Herr Ferchen heil nach Hause; etliche Jahre danach kam er bei einer stürmischen Fahrt zwischen Sylt und Föhr ums Leben – – –. Die natürlichste Art, um von Horsbüll nach Föhr und umgekehrt zu gelangen, ist „zu Fuß" übers Watt zu marschieren. Ich war wie vom Donner gerührt, als ich eines Tages (1965) im »Insel-Boten« las, dass mein Bruder die Überquerung nach Horsbüll gewagt hatte. „Gewagt?" Lassen wir ihn selbst erzählen: „Ich hatte mir für die Herbstsaison eine neue Art von Jagdpatronen kommen lassen. Um sie auszuprobieren ging ich ziemlich weit ins Watt hinaus, stellte kleine bunte Pappschilder in den Sand und schoss darauf. Nach dem Test konnte ich mich vom Watt nicht recht trennen – das Wetter war wunderbar bei leichtem Ostwind. Mir fiel ein, dass Hermann Nissen (der Initiator der „Eisstrasse von 1947") mir gesagt hatte, dass bei Hohlebbe eine Stelle der Föhrer Ley leicht durchwatet werden könne; um sie zu finden, müsse man sich eine gerade Linie von der Emmelsbüller Kirche zum Midlumer Meiereischornstein denken. Diese Stelle wollte ich finden. Schon meinte ich nahe dran zu sein, als ich vor mir noch einen zweiten Priel schimmern sah. Der erste war viel zu flach, der zweite knietief. Das sah nach auflaufender Flut aus, und mir war klar, dass der Rückweg nach Föhr nicht mehr gewagt werden konnte. So marschierte ich über den „Horsbüll Steert" direkt auf die Horsbüller Kirche zu. In Alt- Horsbüll besuchte ich einen Bekannten meiner Eltern, der mich nach Dagebüll fuhr. Natürlich hatte ich vergessen, ihn zu bitten, mir das Geld für eine Fahrkarte zu leihen. Der Maschinist, ein Jagdgenosse, nahm mich in den Maschinenraum mit – irgendwie hatte aber der Kapitän, auch er ein Jagdgenosse, von dem blinden Passagier Wind gekriegt und knöpfte mir das Geld für die Fahrkarte ab, das mir ein dritter Jagdgenosse lieh. Der fuhr mich nach Hause." Die öffentliche Verkehrsanbindung zwischen Horsbüll und Wyk ist, wie gesagt, heute noch ebenso umständlich, wie vor 80 Jahren. Da heute jeder normale Haushalt motorisiert ist, nimmt man die Schwierigkeiten erst dann wahr, wenn man zu alt wird, um sein Fahrzeug selbst zu benutzen. Solange es möglich war, habe ich auf Fahrten nach Tondern gern den Rückweg über Horsbüll nach Dagebüll genommen. Vieles sieht aus wie eh und je, aber eine Schule gibt es dort nicht mehr, und auch Bäcker- und Kaufläden fehlen. Man hört kaum noch „freesch" und hat fast den Eindruck, in einer stillen vergessenen Welt zu sein.

Jakob Tholund

Ein Großvater aus Jütland

Im Leben der Kinder spielen die Großeltern oft eine ganz besondere Rolle. Vater und Mutter neigen dazu, Anliegen und Wunscherfüllungen ihrer Sprößlinge aus Zeitmangel auf „später" zu verschieben.Ganz anders die Großeltern! Sie haben immer Zeit! Besonders wenn man sie ganz dringend braucht - und wenn die Eltern auf „morgen" vertrösten. Doch nicht nur über einen unerschöpflichen Vorrat an Zeit verfügen die Großeltern - auch ihre Geduld ist schier unermeßlich. Was aber am allerwichtigsten ist: Ihre Eltern erfahren die Kinder meist als Nein-Sager! Die wollen nur erziehen!

Wenn man sich aber in Großmutters oder Großvaters Schoß kuschelt und mit leiser Stimme einen Wunsch äußert, dann hat man fast immer gewonnen! Großeltern sind zuverlässige Ja-Sager. Sie nehmen sich ganz einfach das Recht, ihre Enkelkinder zu verwöhnen, und der mahnende oder erstaunte Blick ihrer erwachsenen Kinder, die sie vor Jahrzehnten in unverrückbarer Strenge erlebt haben, berührt sie nicht. Sie genießen unbekümmert die strahlenden Augen des Enkelkindes auf ihrem Schoß.

Geboren wurde ich im Gotinger Schulhaus, doch schon ein Jahr nach meiner Geburt zog mein Vater nach Oevenum und wurde dort Lehrer an der einklassigen Volksschule. Sein Vorgänger mußte - noch nicht 40 Jahre alt - den Dienst quittieren, weil er chronische Probleme mit seiner Stimme hatte, lebte jedoch - ausgiebig seine Pension genießend - noch über 50 Jahre. Der Umzug von Goting nach Oevenum war auch deshalb erfolgt, weil meine älteren Geschwister die Mittelschule in Wyk besuchen sollten. Von Oevenum aus war Wyk auf einer geteerten Chaussee mit dem Rad verhältnismäßig leicht zu erreichen. Die Straße von Goting über den Martenschen Hof Mittelberg am Monument vorbei nach Wyk war dagegen noch nicht ausgebaut und deshalb äußerst beschwerlich.

Zum Lehrerhaushalt unmittelbar auf der Ostseite des Dorfteiches in Oevenum (die Schule lag an der Westseite) gehörten damals die Eltern, die Schwester Christel, der Bruder Roluf , „Ulaatj"- wie wir auf Fering sagen- und unser Großvater Anders Jepsen Nissen Tholund. Schon der Name macht deutlich, daß Ulaatj aus Jütland stammte. Er gehörte zu den Einwanderern im 19. Jahrhundert, die auf der Insel als Tagelöhner in der Landwirschaft dienten und nicht selten auf Föhr Wurzeln schlugen. Die Landwirtschaft wurde nach der Landaufteilung um 1800 für die Inselbewohner immer wichtiger. Umgekehrt ging die Bedeutung der Seefahrt zurück. Daneben setzte dann nach der Mitte des 19.Jahrhunderts auf Föhr eine regelrechte Auswanderungswelle ein, die oft die gesamten Schuljahrgänge ergriff und meist in die Vereinigten Staaten führte. Schwerpunkte der Auswanderung waren New York und Petaluma in Kalifornien. Während also die jungen Männer der Insel scharenweise ihr Glück in der neuen Welt suchten, mußte der Arbeiterbedarf in der Landwirtschaft durch Einwanderer gedeckt werden. Mit einer Rolle als „Knecht" bei einem Bauern konnten sich die Föhringer offenbar nicht anfreunden. Lieber wanderten sie aus. Es waren vor allem junge Männer aus Jütland, die entweder als Saisonkräfte oder auch für immer auf dieInsel kamen, gleichsam als Fremdarbeiter im 19. Jahrhundert.

Mit dem Ruf der jütischen Fremdarbeiter war es auch in jener Zeit auf Föhr zunächst nicht gerade gut bestellt. Der Reiseschriftsteller J. G. Kohl, der Mitte des 19. Jahrhunderts die Marschen und Inseln der Herzogtümer Schleswig und Holstein besuchte und seine Eindrücke in einem zweibändigen Werk zusammenfaßte, berichtet sehr eingehend und überaus farbig auch über seine Beobachtungen auf Föhr. Ein gesondertes Kapitel widmet er den Jüten und dem Ackerbau. Man merkt, daß Kohl als professioneller Reiseschriftsteller ein geschultes Auge für die Besonderheiten von Landschaften und Menschen besitzt. Freilich neigt er zu Übertreibungen, um seinen Lesern besonders exotische Eindrücke zu vermitteln. Kohl berichtet, daß die Friesen den Jüten nicht gerade „hold" seien. Es heißt bei ihm: „Die Jüten werden von den Friesen, die gewohnt sind, sie als ihre Knechte anzusehen, meistens als verächtliche arme Schlucker, als Säufer und zanklustige Leute betrachtet. „Sie kommen", so sprachen die Friesen,"schmutzig und hungrig hier an und putzen und füttern sich erst allmählig mit friesischem Gelde und Brode heraus". Fast alles, was schlecht und gemein ist, wird „jütisch"genannt. In Holland urteilt man über uns eingewanderte Niederdeutsche fast ebenso."Wer ein solches Urteil über „Fremdarbeiter" liest, ist gewiß bestürzt, und mancher wird vielleicht sogar an jene bösartigen Klischees erinnert, die ehemals in Deutschland über Juden verbreitet wurden. Kohl vermerkt freilich auch, daß „unparteiische Männer von dem Charakter der Jüten mit hoher Achtung sprechen", und er hat sie vielfach auch „loben hören".

Anders Jepsen Nissen Tholund, mein jütischer Großvater, mag zwischen 1870 und 1880 nach Föhr gekommen sein. Er wurde 1855 in Darum bei Esbjerg geboren. Der letzte Nachkomme der Tholunds in Dänemmark, Vetter Niels, hat uns noch nach dem Zweiten Weltkrieg gelegentlich besucht. Er besaß einen Hof in Nordschleswig und war ein pfiffiges Original. Wenn er Steuern sparen konnte, schreckte er vor keinem Trick zurück. Er war ein großer Hundeliebhaber, und als er sich ein neues Tier gekauft hatte und es beim Amt anmelden wollte, sollte er den Namen des Hundes nennen. Der Beamte fragte: „Und wie heißt der Hund?" Niels: „Hund!" Der Beamte: „Ich möchte wissen ,welchen Namen der Hund hat". Niels ganz unerschütterlich: „Hund". Der Beamte blieb ebenso hartnäckig und bestand darauf, daß auch der Hund von Niels Tholund einen amtlichen Namen haben müsse. Niels wurde ärgerlich, schlug mit der Faust auf den Tisch und brüllte:"Jesus!."Der eingeschüchterte Beamte trug die endlich erfolgte Namensnennung in die Akte ein.

Mein Großvater hat sicher nicht dazu beigetragen, das Klischee vom minderwertigen Jüten zu bestätigen. Er war ein fleißiger, bescheidener, stiller Mensch, und es ist gewiß kein Zufall, daß er auf Föhr seßhaft wurde, eine Familie gründete und geachtet und in Frieden lebte. Geheiratet hat Anders Tholund etwa 1890. Damals war er schon etwa 35 Jahre alt, und auch seine Frau war schon über dreißig. Christine Richardine Olufs, geboren 1857, war das jüngste Kind des Kapitäns Roluf Meinert Olufs aus Toftum. Kapitän Olufs war in Rendsburg tätig gewesen und hatte dort auch seine Frau gefunden, Catharina Cäcilie Nicoline Sienknecht. Das Ehepaar hatte sieben Kinder. Anders Tholund bekam zwar keine besonders junge Frau , aber doch jemanden aus einer angesehenen Familie mit einer gewissen „Mitgift." Zwar mußte Anders lenbenslang als Tagelöhner arbeiten, aber man hatte doch auch ein wenig Land und ein eigenes Haus.

Dem Ehepaar Tholund in Toftum wurden drei Kinder geboren: der Sohn Roluf Meinert 1892, der zweite Sohn Niss Christian 1894 und die Tochter Catharina Cornelia 1896. Dann traf ein schwerer Schicksalsschlag die kleine Familie: Schon 1897 starb die Ehefrau und Mutter! Die Betreuung der Kinder und des Witwers übernahm Rosina Nicolina Olufs, eine ledige ältere Schwester von Christine. Bis zu ihrem Tode 1915 hat Rosina die Familie versorgt. - Ein weiterer Schicksalsschlag war der Tod des ältesten Sohnes . Roluf Meinert fiel am 3. Juni 1916 vor Verdun als eines der unzähligen Opfer der so verlustreichen Materialschlacht um die wichtige französische Festung. Auch Nis wurde im Ersten Weltkrieg schwer verwundet. Nur durch einen glücklichen Umstand überlebte er. Als Carl Caspersen aus Nieblum , der Catharina Tholund geheiratet hatte, in die USA auswanderte, zog Großvater Anders zu seinem Sohn Nis, der damals Lehrer in Goting war und im Gotinger Schulhaus wohnte. Bis zu seinem Tode 1938 gehörte mein Großvater aus Jütland nun zu unserer Familie und wurde damals für mich zur wichtigsten Person meiner Kindheit.

Das Leben eines Tagelöhners in der Landwirtschaft am Ende des 19. Jahrhunderts war voller Mühsal. Meist wurde er gerufen, wenn besonders schwere Arbeiten anfielen. Tagelang mußte er im Misthaufen stehen und Fuder um Fuder mit Dung beladen. Frühmorgens ging es in die Marsch, um dort stundenlang mit der Sense für die Heuernte das Gras zu mähen. Nach Feierabend mußte der eigene landwirtschaftliche Betrieb noch versorgt werden. Und für den nächsten Arbeitstag galt es die Sense wieder zu schärfen: Ein kleiner Eisenpflock wurde in den Boden geschlagen, die Klinge der Sense darauf gelegt und dann mit einem Hammer „gedengelt“, um das Blatt zu schärfen. Mühsam war auch die Arbeit beim Dreschen! Tagelang stand man in der Tenne mit dem Dreschflegel und schlug auf das Korn ein. Später fielen an der Dreschmaschine schwere Arbeiten an -mit dem Tragen der Kornsäcke oder mit den schweren Strohballen. Auch im Winter gab es - bei kargem Lohn - für den Tagelöhner etwas zu tun. Man schulterte den Spaten und ging in die Marsch zum „piip-greewen“. In den Fennen wurden die tiefer gelegenen Kleischichten aufgegraben und über das Gras gestreut. Auf diese Weise wurde der Boden gedüngt und der Ertrag nicht unwesentlich gesteigert.

Mein Großvater war keineswegs von besonders kräftiger Statur. Er war knapp mitttelgroß, und was ihm an körperlicher Kraft gefehlt haben mag, ersetzte er durch Zähigkeit und Ausdauer. Eine kleine Nebeneinnahme erlangte er dadurch, daß er Bestellungen für die Firma Heymann in Wyk annahm, von der die Inselbewohner mit Kohlen beliefert wurden. Diese Kohlen importierte der Wyker Händler auf eigenen Schiffen aus Gruben in Schottland, an denen er Anteile besaß. Gleichwohl mußte man sehr bescheiden leben. Großvater erzählte später oft, daß 50 Mark im Herbst ausreichten, um die Familie durch den Winter zu bringen. Wahrscheinlich hat es in Deutschland niemals wieder eine so kaufkräftige Währung gegeben wie die Goldmark zur Kaiserzeit. Und die 50 Mark konnten natürlich nur reichen, weil man die meisten Lebensmittel selbst erzeugte und ein bescheidenes Leben eine Selbstverständlicheit war.

Großvater Anders Jepsen Nissen Tholund, Oevenum, um 1930

Unser Vater war am Ende des Krieges wegen seiner schweren Verwundung aus dem Militärdienst entlassen worden und hatte seinen Dienst an der Gotinger Schule angetreten. Der erste offizielle Gang im schwarzen Bratenrock ging zum Pastor, da damals in Deutschland noch die geistliche Schulaufsicht galt. In Goting lernte Nis dann auch seine spätere Frau kennen. Kreske Christine war die älteste

Tochter von Jakob und Oline Detlefs. Die Detlefs waren eine alteingesessene Bauernfamilie mit beachtlichem Ansehen. Besonders Peter Detlefs, der Vater von Jakob Detlefs, hat im öffentlichen Leben eine nicht unerhebliche Rolle gespielt. Er war sehr fortschrittlich eingestellt und hat oft eng mit dem bekannten Lehrer Kertelhein zusammengearbeitet, etwa bei der Gründung eines landwirtschaftlichen Vereins.

Für den jungen Lehrer war es in der schweren Kriegs- und Nachkriegszeit ein großer Vorteil, enge Beziehungen zu einer Bauerntochter anzuknüpfen. Besonders schätzte Nis die Köstlichkeiten, die seine Kreske aus dem Fischgarten der Detlefs im Watt nach Hause karrte. Nach dem abendlichen Besuch gab es oft geräucherte Schollen als Abschiedsgeschenk. Am nächsten Morgen konnten dann die Schulkinder an der ausgespuckten „Flickernspur“ erkennen, wo sich ihr junger Lehrer am Abend zuvor aufgehalten hat.

Die Großeltern Detlefs haben in meinem Leben nur eine Nebenrolle gespielt. Natürlich gab es regelmäßige Besuche, und der große Hof lockte mit den vielen Tieren , den abenteuerlichen Stallungen und der großen Scheune. Aufregend auch das kleine Nachbarhaus nach Süden hin, in dem ein eigentümlicher pensionierter Amtsgerichtsrat mehr hauste als wohnte. Sein Garten war regelrecht „vermint“, weil der ehemalige Richter seine Notduft stets auf einem Stück Zeitungspapier verrichtete - und anschließend das warme Bündel einfach durch das Fenster entsorgte.

Besuchten uns die Großeltern aus Goting später in Oevenum, kamen sie stets in der Kutsche vorgefahren. Besonders aufregend war es dann, wenn zur Rückfahrt in der Dunkelheit die beiden Karbidlampen neben den Vordersitzen der Kutsche angezündet wurden. Im Schein der Lampen wirkte das Pferd riesenhaft, und die Großeltern sahen aus wie Gespenster.

Großvater Jakob Dethlefs, Goting auf Föhr, um 1940

Der treue Begleiter meiner Kindheit in Oevenum war Ulaatj,

Großvater Anders. Als er 1938 starb, war ich 1o Jahre alt - und er 83. Meine Erinnerungen kreisen also um einen sehr alten Mann. Er war damals für mich ohne alle körperlichen Gebrechen, und ich bin sicher, daß er auch in Wirklichkeit für sein Alter überaus rüstig war. Ulaatj hatte in der Lehrerwohnung in Oevenum ein eigenes Zimmer. Es lag ganz vorne im Hause, gleich zur rechten Hand ,wenn man durch die Haustür eintrat. Ein Fenster ging nach Norden auf die Dorfstraße. Vor dem Fenster stand ein Tisch. An diesem Tisch saß Ulaatj gerne , schmauchte seine Pfeife und verfolgte das Geschehen auf der Dorfstraße. Das zweite Fenster ging nach Westen. Man blickte von dort auf den Dorfteich und auf das Schulgebäude. - Das Zimmer war nur karg möbliert. An der Südwand stand ein Bett, daneben gab es noch eine alte Kommode , den Tisch mit zwei Stühlen und einen schmalen Kleiderschrank.

Ulaatj hielt sich aber meist nicht in seinem Zimmer auf, das natürlich im Winter auch nicht heizbar war. Sein Lieblingsplatz war der Lehnstuhl zwischen Kachelofen und Klavier im Wohnzimmer. Hier konnte er stundenlang sitzen, Pantoffeln an den Füßen, die ich dann schon mal an den Kachelofen stellte, weil ich wußte, daß es dafür stets irgendeine kleine Belohnung gab. Großvater vermittelte eine wunderbare Behaglichkeit und Ruhe, wenn er still dasaß, ab und zu an seiner Pfeife sog - und wunschlos glücklich zu sein schien. Seine lange Pfeife reichte nicht bis zum Boden, sondern nur bis zum Bauch. Ab und zu durfte ich sie aus der Tüte mit Krüllschnitt stopfen. Eine ganz besondere Freude und Ehre! Im Pfeifenkopf köchelte meist eine dunkle Flüssigkeit, die ab und zu in einen Spucknapf unter dem Stuhl entleert wurde. War der Pfeife einmal eine Ruhepause vergönnt, wurde aus der Westentasche ein Paket mit Priem hervorgekramt, ein mundgerechtes Stück mit dem Taschenmesser abgeschnitten und zwischen die dunklen Zahnstummel geschoben.

Natürlich lebte Ulaatj ganz in der Familie. Seltsamerweise sprach er lieber Plattdeutsch als Fering, obwohl er doch Jahrzehnte in Toftum gelebt hat. Seine Muttersprache war Sönderjydsk, ein dänischer Dialekt aus Jütland. Unser Vater beherrschte diese Sprache, und wenn er mit Ulaatj alleine war, unterhielten sie sich auf Sönderjydsk. So war meine Kindheit durchtönt von der Sprachenvielfalt Föhrs: Mit den Eltern und Geschwistern redete ich Fering, auf der Straße sprach die Dorfjugend miteinander Plattdeutsch, übrigens auch jene Kinder, die Fering als Haussprache hatten. In der Schule lernte ich beim Vater Hochdeutsch - und im Hause erklang auch ab und zu Sönderjydsk! Leider hat man mir den dänischen Dialekt nicht vermittelt - und ich habe ihn mir auch nicht anzueignen gewußt.

Großvater war ein stiller und bescheidener Hausgenosse. Das merkte man auch bei Tisch. Die Portionen, die seinen Teller füllten, hätten nicht ausgereicht, einen Tagelöhner zu versorgen. Kein Wunder, Ulaatj war ein ganz hagerer alter Mann. Nur wenn es Heiligabend war und die braungebratenen Enten - Mutter war eine Meisterin in der Zubereitung! - auf der Platte dampften, dann langte er kräftig zu. Weihnachten war für ihn in gut bäuerlicher Tradition „Vollbuksabend". Sein Motto lautete: „Wiehnachten mutt dat kniepen!" Und das tat es offenbar auch Jahr um Jahr. Am 1. Weihnachtstag lag Ulaatj meist mit Magenschmerzen im Bett. Das hinderte ihn aber keineswegs daran, am nächsten Heiligabend wieder seinem Motto zu frönen.

In der Dorfgemeinschaft spielte Anders kaum eine Rolle. Gerne besuchte er ein paar treue Freunde, Jüten wie er. Da war ganz in der Nähe Peter Jissen, auf dessen Bank vor der Haustür die beiden Jüten oft miteinander saßen. Manchmal saß Anders auch allein vorm Haus. Dann standen die Fenster zur Tenne weit auf. Drinnen wütete Peter Jissen in riesigen Staubwolken mit dem Dreschflegel, und in den kurzen Arbeitspausen lehnte er sich zum Fenster hinaus, und es wurden einige Worte gewechselt. Das Einverständnis der beiden war auf Worte nicht angewiesen.- Am Westende des Dorfes wohnte ein weiterer Jüte, Jens Mortensen, den Ulaatj ab und an besuchte. Hoch aufgerichtet schritt er dann durchs Dorf, die blaue Schirmmütze verdeckte das schüttere Haar. Er war schon eine fast ehrwürdige Erscheinung.

Für mich war mein jütischer Großvater der Schutzschild meiner Kindheit. Zur Erklärung dieser Tatsache muß ich vorausschikken, daß ich ein geradezu krankhaft ängstliches Kind war. Meine Tränen sprudelten bei jedem noch so nichtigen Anlaß.Trost bedeuteten für mich lediglich Brot mit Zucker und mein jütischer Großvater. Als ich erwachsen war, hat mir meine Mutter erzählt, daß sie während der Schwangerschaft mit mir unentwegt und grundlos weinen mußte. Nach der Geburt versiegte ihr Tränenstrom - und ich war es, der fortan oft und ausdauernd weinte. Für die Eltern war ein solches Kind nicht gerade ein Glücksfall. Man lebte in einer Zeit, in der Jungen „hart wie Kruppstahl „zu sein hatten, und was für einen deutschen Jungen galt, war auch von einem Friesenjungen in Oevenum auf Föhr gefordert: Er weint nicht! Ich habe mich meiner Tränen geschämt, doch dadurch wurde leider ihr Strom nicht gebremst. Es gab nur einen Menschen, der meine Augen trocknen konnte: mein Großvater aus Jütland.

Nicht nur meine Neigung zum Weinen zeichnete mich aus, sondern in gleicher Weise meine Ungeschicklichkeit. Alles Unglück der Welt zog ich auf mich. Als meine Schwester beim Schlachten mit dem Fleischwolf hantierte, mußte ich Unglückrabe unbedingt meinen rechten Zeigefinger in ein Loch der Siebscheide stecken. Blutige Folgen blieben nicht aus! Die Fingerkuppe klebte am Messer, ich schrie wie entfesselt, ein Arzt mußte helfen. Noch heute ist der Schaden an meinem rechten Zeigefinger zu besichtigen. In solchen Fällen war Ulaatj mein Retter. Er brauchte garnicht zu trösten. Sein Erscheinen war Trost genug. Seine bloße Nähe beruhigte mich, sein Blick signalisierte: Es wird alles wieder gut!

Meine Kindheit erscheint mir manchmal wie eine Kette von Unglückfällen. Dreimal bin ich in den Dorfteich neben unserem Hause gefallen, einmal sogar im Winter, als ich mit einem älteren Dorfmädchen auf der Kette schaukelte, mit der man den Teich eingefaßt hatte. - Als mein Bruder vor dem Hause mit einem Stock lange Brennesseln abschlug, wollte ich unbedingt ganz aus der Nähe zusehen. Mehrfach warnte er mich vor der Gefahr. Ich hörte nicht auf ihn. Plötzlich traf mich ein harter Stockschlag. Ich stürzte mit einer klaffenden Kopfwunde zu Boden. Wieder hatte Ulaatj einen großen Tag.

Auch bei kleineren Anlässen war er hilfreich. Wenn es zum Essen Fleisch gab, kaute ich solange drauf herum, bis es völlig trokken und nicht mehr zu schlucken war. Wurden wir eingeladen, machte mich tagelang vorher die Sorge schon krank, es könnte Fleisch geben. Natürlich gab es immer Fleisch, denn wenn auf Föhr eingeladen wird, kommt etwas Gutes auf den Tisch, und Fleisch war damals geradezu der Inbegriff des Guten. Ich saß beim Essen verzweifelt vor meinem Teller, wagte es natürlich nicht, das Fleisch einfach liegen zu lassen - und wurde von den Eltern auch nicht vor einer gehörigen Portion geschützt. Ich fühlte die Blicke aller auf mich gerichtet, sah mich gezwungen, ein Stück zu nehmen, kaute es trocken und geriet langsam in Panik. Um nicht aufzufallen, steckte ich dann noch weitere Fleischstücke in den

Familie Tholund vor der Gotinger Schule, 1929
Hintere Reihe: Nis, Kreske und Anders mit Jakob
Vorne: Roluf und Christel

Mund. Der trockene Kloß wurde größer und größer, war schließlich nicht mehr im Mund zu verwahren. Mit einem Weinausbruch ließ ich sie auf den Teller fallen - unter den entsetzten Blicken der ganzen Gesellschaft. Nur einer blieb freundlich und ruhig, nahm mich an der Hand und führte mich nach draußen: mein jütischer Großvater.

Großvater hat mir nie Geschichten erzählt, er hat nie etwas Besonderes mit mir unternommen. Das war alles gar nicht nötig.

Mir half allein seine Anwesenheit. Er schützte mich vor der Welt mit ihrem Füllhorn voller Mißlichkeiten. In seiner Nähe war Frieden, nur zu seinen Füßen, nur auf seinem Schoß konnte ich ungefährdet leben. Auf ihn konnte ich mich in jeder Situation verlassen. Ihn störte meine ungebremste Weinerlichkeit keinen Augenblick. Er bekannte sich zu seinem Enkel - auch wenn der kein richtiger „deutscher" Junge war.

Unvergessen sind auch die zahlreichen Stunden, in denen Großvater sich richtig mit mir beschäftigte. Dabei ging es um Karten- und Brettspiele. Beliebt war natürlich „Mensch ärgere dich nicht". Zur Weihnachtszeit wurde dann das Pochbrett herausgeholt. Gespielt wurde dabei mit Nüssen. Auch etliche Kartenspiele unterhielten uns immer wieder: „Zwickern „oder" Scharwenzel „beispielsweise. Am liebsten spielte ich mit Großvater allein. Er hatte Techniken entwickelt, die sicher stellten, daß ich stets gewann. Waren Mitspieler dabei, reichten Ulaatjs Künste nicht immer aus, mir den Sieg zuzuschanzen. Dann hatten meine Tränen wieder eine Chance. Noch nach vielen Jahren fiel es mir schwer, nicht der Gewinner zu sein. Ich mußte erkennen, daß Großvaters Umgang mit mir auch Schwachstellen besaß. Das ändert aber nichts daran, daß ich ihn als den sicheren Halt und Schutz meiner Kindheit auch heute noch grenzenlos verehre.

!938 starb mein Großvater Anders Jepsen Nissen Tholund im Alter von 83 Jahren. Ich kann mich nicht daran erinnern, daß er krank gewesen ist. Er ging ganz still aus dieser Welt. Als kleines Kind - ich war lo Jahre alt - wurde man vor einem solchen Ereignis abgeschirmt. Es gab eine rege Betriebsamkeit, die man nicht verstand. Nach und nach habe ich aber doch gespürt, daß mein Schutzschild verschwunden war. Ich mußte mir nun aus eigener Kraft einen neuen erschaffen Das war nicht leicht, ist aber schließlich dann doch gelungen. Eine wichtige Rolle hat dabei sicher auch die Erinnerung an den jütischen Großvater gespielt.

Begraben wurde Anders Tholund im Familiengrab auf dem Friedhof zu Süderende. Dort wurden schon die Eltern seiner früh verstorbenen Frau beerdigt. Hier ruhen auch seine Frau sowie seine Schwägerin, die lange für die Familie gesorgt hat. An seiner Seite bestatteten wir inzwischen auch seinen Sohn Nis mit seiner Frau Kreske, die ihm einen gesegneten Lebensabend bescherten. Und ich denke, es ist auch für die nächste Generation noch ein wenig Platz in diesem Familiengrab.

Dax (Axel Gerhard)

Wie kam die Giraffe nach Föhr?

Afrika, wo die kleine Giraffe geboren wurde, war wirklich ein herrliches Land. Alle fühlten sich dort wohl, ihre Eltern, ihre Geschwister und sogar ihre Grosseltern wohnten dort gern. „Twiga mdogo" wurde sie von ihrer Familie genannt. Das heißt auf Deutsch „Kleine Giraffe". Aber später sagten sie alle „Twigi" zu ihr, weil das viel leichter auszusprechen war. Twigi war ein fröhliches Giraffenkind, bis sie eines Tages einen schrecklichen Schluckauf bekam. Und weil der Schluckauf nicht aufhörte, gingen die Eltern mit Twigi zum Doktor. Der holte seine lange Leiter, damit er Twigis langen Hals gründlich untersuchen konnte. Beinahe wäre er von der Leiter gefallen, als Twigi gerade wieder einen tüchtigen Schluckauf kriegte. Twigi musste darüber lachen. „Mach deinen Mund mal auf, damit ich hineinsehen kann!", sagte der Doktor und machte ein strenges Gesicht. „Was hast du gestern Morgen gegessen?" fragte der Arzt. Twigi dachte einen Moment nach, und dann fiel ihr ein, dass sie mehrere Blüten von einem Affenbrotbaum genascht hatte. „Aha", sagte der Doktor, „dann ist alles klar. Du hast eine Affenbrotbaumblüten-Allergie!" Da sah die Mutter Twigi streng an. „Du weißt, dass du nicht davon essen solltest, weil du die Allergie von deinem Großvater geerbt hast". Vor Schreck bekam Twigi schon wieder einen heftigen Schluckauf-Anfall. „Da wird nur ein Kuraufenthalt an der Nordsee helfen", sagte der Doktor und erzählte Twigis Eltern von einer erfolgreichen Heilung bei einem jungen Löwen. Vor lauter Schreck wurde der Vater ganz blass. „Das kann doch keiner bezahlen", jammerte er. Aber der Doktor beruhigte ihn. „Das meiste von solcher Kur bezahlt die Afrika-Kasse, macht euch keine Sorgen, das kriegen wir schon hin. Hauptsache, Twigi wird wieder gesund." Und so kam es, dass Twigi sich von ihren Eltern verabschiedete und mit einem Riesen-Spezial- Flugzeug nach Hamburg geflogen wurde. Von dort ging es mit einem Güterzug nach Dagebüll. Allerdings musste Twigi natürlich die ganze Fahrt über liegen, weil so ein Güterwagen viel zu niedrig ist. Aber schlafen konnte sie nicht. Sie war viel zu aufgeregt, weil sie noch nie in Deutschland gewesen war, und schon gar nicht an der Nordsee. Als Twigi endlich aus dem Güterwagen klettern durfte, musste sie sich erst einmal ordentlich schütteln, denn das lange Liegen hatte ihr gar nicht gefallen. Ihren Schluckauf hatte sie vor lauter Aufregung ganz vergessen. Da lag die riesige Nordsee vor ihr. Das Meer hatte sie ja schon in Afrika gesehen, aber hier wehte ein kalter Wind und die Menschen sahen alle so weiß aus und schauten ein wenig verdutzt. Twigi war viel zu neugierig, so dass sie überhaupt keine Zeit hatte, Angst zu haben. Ein Mann mit rotem Anzug zeigte ihr den Weg auf die Fähre und alle Menschen begrüßten sie ein wenig skeptisch, aber freundlich und lachten fröhlich. Twigi konnte natürlich nicht in das Schiff hineingehen, sie musste auf dem Vorder-Deck stehen, weil sie sich sonst den Kopf wohlmöglich gestoßen hätte. Und weil Twigi so fürchterlich neugierig war, schaute sie von vorn durch das Fenster der Kapitänsbrücke. Karl-Fiete, der Kapitän, kriegte einen gehörigen Schrecken, als er plötzlich vor sich den Kopf einer Giraffe sah. „Ich habe doch gestern keinen Tropfen Bier getrunken", dachte er bei sich und wischte die Brille sauber. Beinahe hätte das Schiff einen kleinen Schlenker gemacht, aber Kapitän Karl-Fiete hatte bald alles wieder sicher im Griff. Endlich legte die Fähre in Wyk an. Am Hafen stand ein Bus mit einem Fahrrad-Transport- Anhänger bereit, bei dem das Dach abgenommen worden war. Da sich die Bürgermeister der Insel noch nicht einig darüber werden konnten, wo ein so hoher Kurgast wohnen sollte, war man übereingekommen, dass Twigi sich zunächst bei einem bekannten Kunst- und Staketten-Maler auf der Insel in dessen Garten aufhalten durfte, zumal hier der Wunsch aufgekommen war, sich wieder ein Haustier anzuschaffen, nach dem Hund und Katze vor einiger Zeit verschieden waren. So bot sich hier eine geeignete Gelegenheit. Twigi war es von zu Hause ohnehin gewohnt, im Freien zu leben. Da es um die Jahreszeit zwar nicht so warm wie in Afrika war, auf der Insel aber immerhin sonniges Wetter herrschte, war man dankbar, dass der Maler sich zur Aufnahme der Giraffe bereit erklärte. Das geschah aus der Sicht des Künstlers sicherlich nicht ganz ohne wirtschaftliches Interesse, denn er hatte auf geheimem Wege erfahren, dass die Giraffe dringend einen neuen Farbanstrich benötigte, der von der Afrika-Kasse bezahlt werden sollte. Das knappe Künstlereinkommen konnte auf diese Weise ein wenig aufgestockt werden, ganz abgesehen davon, dass die Grünfutterversorgung aus dem Garten des Malers ebenfalls vergütet wurde. So wurde Twigi dann vom Kunst- und Stakettenmaler, vom Bürgermeister und einigen Dorfbewohnern mit einem Gläschen Manhattan freundlich empfangen. Wie viel dann im Laufe des Abends wirklich noch getrunken wurde, wusste man nicht genau. Es hieß allerdings, dass einige Nachbarn von der Schluckauf-Allergie angesteckt wurden. Am nächsten Morgen gab es bei der Malerfamilie eine Überraschung: Twigi hatte sich ein schmackhaftes Frühstück verschafft und war gerade dabei, sich am Reetdach des Maler- Friesenhauses gütlich zu tun. Der Verzehr reizte den Schluckauf aber wieder, und Twigi verschmähte den weiteren Verzehr von Reethalmen. Und so vergingen die Tage auf Föhr.

Das gute Nordseeklima schien Twigi sehr gut zu bekommen. Der Schluckauf meldete sich nur noch selten.. Eines Tages aber, als Twigi unten an der Marsch einen Spaziergang machte, entdeckte sie eines der viel bewunderten Bauwerke der Insel, einen Güllebehälter. So etwas hatte Twigi noch nie gesehen. Da sie gerade Durst verspürte, sah sie neugierig hinein – und probierte einen Schluck. Das hätte sie nicht tun sollen. Die Schluckaufallergie meldete sich auf schreckliche Art zurück. Twigi konnte kaum noch Luft bekommen. Zum Glück aber kam gerade ein Dorfbewohner vorbei, dessen Haupttätigkeit, wie jeder im Dorfe wusste, darin bestand, aufmerksam alle Begebenheiten und Veränderungen im Orte zu kommentieren und zu beurteilen. Er war es, der sofort den Doktor benachrichtigte und es nicht an geeignetem Kommentar fehlen ließ, wie man der armen Giraffe schnell helfen sollte. Der Doktor, ein Afrika erfahrener Mann, kam und fand die Giraffe ziemlich angegriffen, aber stehend vor und sah natürlich sofort, dass dem Tier nur durch die Verabreichung einer Medizin zu helfen war. Er konnte aber nicht an den Kopf herankommen. Inzwischen war jedem der beiden Herren klar, dass hier nur die Feuerwehr mit einer langen Leiter helfen konnte. Man raste zum Feuerwehrhaus und löste durch das Einschlagen der bekannten Glasscheibe Alarm aus. Da war plötzlich Leben im Dorf. Von allen Seiten rasten Männer heran – einige hatten sogar noch Zeit gehabt, ihre Dienstmütze aufzusetzen – und fuhren die Leiter zum Unglücksort. Der Doktor stieg hinauf, verabreichte Medizin, und Twigi erholte sich unter Aufsicht und zur Freude der Feuerwehrmänner rasch. Man geleitete sie in den Garten des Malers und wünschte weiterhin gute Besserung. Anschließend gab es im Dorfkrug die obligate Manöverkritik, und jeder war lautstark froh, auf seine Weise geholfen zu haben.

Twigi schlief nach diesem ereignisreichen und anstrengenden Tag einen erholsamen Schlaf und träumte von einem Güllebehälter voller Bowle in Afrika.

Es war an einem Sonntag. Das schwüle Wetter drückte auf die Seele, Twigi hatte ein wenig Kopfschmerzen, da konnte man schon Heimweh bekommen. Obwohl es schon bald auf Nachmittag zuging, entschloss sich Twigi, einen Spaziergang nach Wyk zu machen. Vielleicht kam sie dort auf andere Gedanken. Sie erreichte bald den Sandwall und von der Nordsee her kam ein leichter Südostwind heran. Twigi trottelte lustlos an der Promenade entlang. An die fragenden Blicke der vielen Feriengäste hatte sich Twigi schon gewöhnt, aber eigentlich guckten sie alle recht fröhlich, zumal die Sonne den ganzen Tag geschienen hatte. Am Strand begegnete ihr ein Pärchen, das Arm in Arm im Partnerlook seiner giraffenfarbigen Jogginganzüge seinen Urlaubstag genoss. Twigi musste lachen und vergaß dabei das Heimweh. Sie erreichte das Schachspiel am Sandwall in der Nähe des Musikpavillons. Zwei Männer standen sich in fast feindseligem Schweigen einer Schachpartie gegenüber. Einige Feriengäste waren ebenfalls stehen geblieben und kommentierten sachkundig das Spiel. Twigi hörte auch, dass es sich bei den Spielern um den Bürgermeister und dessen Rivalen handelte, obwohl beide Herren gar nicht darnach aussahen. Immerhin lag die Bürgermeisterwahl in der Luft und so fehlte es bei dieser Begegnung nicht an bissigen und bewundernden Bemerkungen einiger eingeweihter Insulaner, während sich die Kontrahenten gehörig anschwiegen. Kenner des königlichen Spiels wussten natürlich, dass es sich bei diesem Anschweigen keinesfalls um Feindseligkeiten oder gar gegenseitigen Hass handelte, sondern vielmehr um Gesten des Nachdenkens. So weit – so gut. In letzter Minute gewann tatsächlich der derzeitige Amtsinhaber das Spiel, wendete sich lächelnd ab und mischte sich unter Promenadenspaziergänger, wo er von den anderen Menschen nicht mehr zu unterscheiden war. Twigi hatte das Spiel voller Spannung verfolgt. Sie verspürte ein wenig Hunger und wollte gerade eines der köstlichen Blätter vom Baume rupfen – als schon ein Strandwärter angerannt kam und Twigi mit einem Seil fangen wollte. Wie sollte sie ahnen, dass man als Giraffe so etwas nicht durfte. Verständlich, dass ihr Heimweh jetzt wieder stärker wurde. Sie lief und lief in großen Sätzen in Richtung Südstand. Weil Twigi natürlich viel schneller als der Strandwärter mit seinem Karren war, hatte der seine Verfolgung bald aufgegeben und die Menschen, die am Strand in der Sonne lagen, klatschten der Giraffe fröhlich Beifall. Ein bisschen aus der Puste, blieb sie am Wasser stehen und sah wehmütig über das Meer. „Ich möchte eine Welle sein, dann könnte man mich nicht einfangen", dachte Twigi und bekam einen Schluckauf. „Du musst in das Wasser gehen", sagte eine Mutter, die gerade mit ihrem Kind vorbeispazierte, „das kalte Wasser erschrickt dich und dann ist dein Schluckauf weg". Twigi wagte sich tatsächlich in das Meer. Sie erschrak wegen des kalten Wassers so sehr, dass der Schluckauf sofort aufhörte. Sie versuchte zu schwimmen, aber das konnte sie nicht, weil das Wasser viel zu flach war. Sie watete immer weiter, bis sie sich plötzlich in der Fahrrinne befand und jetzt wirklich schwimmen konnte. Was Wunder, dass einige Zuschauer am Strand meinten, dass dort ein unbekanntes Wesen in der Nordsee schwamm, denn man konnte nur den langen Hals mit dem Kopf der Giraffe sehen. Karl-Fiete war auch gerade mit seinem Fährschiff unterwegs. Er hatte sich in seine Kajüte zurückgezogen, als der Rudergänger aufgeregt nach seinem Kapitän rief. Man kann sich vorstellen, wie der erschrokken auffuhr und sein Fernrohr an die Augen drückte. Mit geübtem Blick starrte er auf das vor ihm schwimmende Wesen und schaltete die Funksprechanlage ein. „Hallo! Hallo! – Hier das Fährschiff Schleswig-Holstein! Vor uns in der Fahrrinne zwischen Amrum und Föhr – das Ungeheuer von Loch-Ness!“ Seine Stimme überschlug sich jetzt regelrecht. „Gefahr für Urlaubsgäste! Bitte sofort Katastrophenschiff Ozeanic einsetzen!“ Karl-Fiete starrte seinen Rudergänger missmutig an, als könne der etwas an der Sachlage ändern. „Hallo – Schleswig-Holstein! Hier Ozeanic! Können Hilferuf nicht annehmen, weil wir nicht für Fahrwasser zwischen Amrum und Föhr zuständig! Bitte sich an den Amtsvorsteher Föhr-Land wenden! Ende!“ Karl-Fiete, dem Kapitän verschlug es die Sprache. Es konnte nicht ausbleiben, dass er sich seit diesem Tage mehr und mehr mit dem Gedanken beschäftigte, seine Reederei um die frühzeitige Pensionierung zu bitten. Seine Frau hatte seinem Plan bereits zugestimmt. Twigi hielt nichts vom Weiterschwimmen, wollte sich am Strand von Utersum ausruhen und von der Sonne trocknen lassen. Sie ließ sich so richtig durchwärmen und beobachtete schweigend die Nordsee, die sich Mühe gab, eine besonders schöne Wassermusik-Melodie zu singen. Twigi summte die Melodie leise mit, denn irgendwie kam sie ihr bekannt vor. „Ich wollte, ich wäre ein Traum, dann könnte ich allen Menschen, die traurig sind, schöne Träume bringen...“ sang Twigi und dabei bekam sie nicht ein einziges Mal den Schluckauf.

Auf Föhr ergab es sich bald, dass in der „Insel-Zeitung“ ein Artikel mit großem Foto des Seeungeheuers erschien. Auch wer keine besondere Phantasie besitzt, wird sich vorstellen können, dass der Fremdenverkehr auf der Insel plötzlich Ausmaße annahm, von denen man vorher nicht gewagt hätte zu träumen. Übrigens, der Bürgermeister von Wyk hat die Wahl wieder gewonnen. Aber der heimliche Sieger war unbestritten Twigi – die kleine Giraffe.

Christina Martens (Tina Medelberig)

Vorbemerkung: Der Nachlaß von Christina Martens ist von Inga Jensen als Leihgabe zur Aufbewahrung und Auswertung der Ferring Stiftung in Alkersum anvertraut worden. Aus der Fülle der Aufzeichnungen, die alle eine geradezu literarische Qualität besitzen und von großem volkskundlichem und lokalhistorischem Wert sind, ragen zwei Texte besonders heraus. Es sind einmal Lebenserinnerungen unter dem Titel „Im Bauernhaus möcht' ich geboren sein", zum anderen „Ein Spaziergang durch das alte und neue Nieblum", eine überaus farbige Schilderung des Dorfes und seiner Bewohner. Die im folgenden abgedruckten Kapitel habe ich aus diesen beiden Manuskripten ausgewählt und dazu mit eigenen Überschriften versehen. Jakob Tholund

Als ich kam!

Am Morgen des 19. April 1902 stapfte mein Vater Jacob Martens auf Middelberg durch die Küche, hörte den Schrei eines neugeborenen Kindes und sagte eigentlich mehr zu sich selbst:"Endlich en Deern!" Das Dienstmädchen am Herd blickte erstaunt auf, denn das Kind war wirklich erst in diesem Augenblick geboren und kein von außen Kommender konnte das Geschlecht wissen. Mein Vater, der das Erstaunen sah, sagte: „So schriet doch ken Jung." Er ging eilig ins Wohnzimmer und sah von dort aus die strahlenden Gesichter von Schwiegermutter, Arzt und Hebamme,

Dorfstraße im alten Nieblum, um 1900

die im Schlafzimmer um das Bett seiner Frau Dorothea geb. Nikkelsen versammelt waren. Ich kam mit zwei Tagen Verspätung auf die Erde; ich sollte als Geburtstagsgeschenk für meinen Vater am 17. April kommen; aber wer läßt sich so einfach verschenken? Ich wollte mein Leben am 19. beginnen.

Daß ich von meinen Eltern jederzeit freudig begrüßt werden würde, wußte ich schon lange, denn drei Söhne waren schon vor mir angekommen: Nickels Paul am 4. 3. 1894, Nanning Julius am 2o. 8. 1899 und Paul Christian am 5. 2. 19o1. Dann war noch Boy Thomsen, geb. am 31. 7. 1888, da. Seine Mutter war gestorben und der Vater in Amerika verschollen, dadurch waren er und seine weiteren drei älteren Geschwister verwaist und Boy mit 1o Jahren zu uns gekommen. Seine Großmutter Elena Thomsen geb. Martens war die Schwester meines Großvaters. Boy marschierte dann am 2o. April los, um Verwandten und Freunden die Nachricht von meiner Geburt zu bringen.

In jeder Familie ein freudiges Staunen darüber, daß es ein Mädchen war, und Boy bekam immer ein Geldstück. Später erzählte er oft von seinem ersten Reichtum, den ich ihm einfach dadurch eingebracht hatte, daß ich geboren wurde. Ich glaube aber nicht, daß dieser Reichtum der einzige Grund war, warum wir uns ein ganzes Leben lang wie gute Geschwister liebten.

Untergang der Titanic

Mein 1o. Geburtstag, oder die Art, wie er gestaltet wurde, ob mit oder ohne Besuch, ob mit lustigen Spielen oder welchen Geschenken, das alles ist einfach aus meinem Gedächtnis verschwunden.

Als nach dem Abendbrot das Letzte vom Tisch in die Küche getragen war und Vater dann, wie immer, die neben ihm auf dem Sofa liegende Zeitung zur Hand nahm, trat ein Ausdruck in sein Gesicht, den wir gar nicht kannten. Er las lange, ohne ein Wort zu sagen. Wir fingen mit unseren Schularbeiten auch nicht an und saßen ratlos da, weil wir auf etwas warteten und nicht wußten, auf was.

Auch die Knechte, die vom Pferdefüttern wieder hereingekommen waren, saßen untätig da, weil nicht wie sonst ein Stück Zeitung vor ihrem Platz lag. Dann sagte Vater: „Die Titanic ist untergegangen."

Endlich wußten wir, was da so unheimlich in der Luft lag. Wir holten noch Emme und das Dienstmädchen aus der Küche, und dann las Vater das grausige Geschehen vor. In der Nacht vom 14. auf den 15, April 1912 war der große Luxusdampfer auf einen Eisberg gestoßen und hatte 1 517 Menschen mit in die Tiefe gerissen. Was mich am meisten erschütterte, war, daß die Musikkapelle bis zuletzt gespielt hatte, obwohl diese Männer keine Aussicht hatten, gerettet zu werden, denn die Boote konnten nicht einmal die Frauen und Kinder alle aufnehmen.

Als letztes hatten sie den Choral „Näher, mein Gott, zu dir" gespielt. Wie oft haben wir diesen Choral nachdem in der Kirche oder Schule gesungen, immer gingen dann meine Gedanken zu diesen tapferen Männern auf der sinkenden Titanic. Nachher im Bett haben die Brüder und ich noch lange versucht, uns 1 517 Menschen vorzustellen, aber so viele Menschen zusammen hatten wir in unserem Leben noch nicht gesehen.

Wir riefen Vater ins Schlafzimmer und fragten ihn, wie viele Menschen wohl in Nieblum wohnten, er meinte etwa 4oo. Also fast viermal so viele waren in einer Nacht ertrunken. Es war schon grausig und an ein Einschlafen nicht zu denken.

Der erste Bus

Ungemütlich wurde es auf den Föhrer Straßen, als 1913 ein großer motorisierter Omnibus breit daher gebrummt kam, um die Wyker aufs Land und die Dorfleute nach Wyk zu bringen. Wie gemütlich rumpelte doch Hoffmanns Pferdebus dahin, und mit einem freundlichen Gruß und Peitschenknall wurde jeder entgegenkommende Wagen von Kutscher zu Kutscher begrüßt, ähnlich wie Schiffe auf dem Ozean die Flagge dippen. An dieses Motorungeheuer gewöhnten sich die Leute nicht so bald und die Tiere schon gar nicht.

Kam der Bus in Sicht, dann fuhren die Bauern von der Straße auf den nächsten Acker, und trotzdem ging manches Pferdegeschirr und mancher Wagen zu Bruch. Man berechnete schließlich, wann man zu Hause oder auf dem Felde abfahren konnte, ohne dieser Gefahr zu begegnen. Die ganze Aufregung dauerte aber nicht lange. Nach Kriegsausbruch 1914 wurden alle Fahrzeuge dieser Art für Kriegszwecke eingezogen.

Das Kalb Prüntje

Auf unserem Hof wurde ein Kalb geboren im Winter bei Eis und Schnee, aber im Stall war es warm und still. Jeder. der helfen mußte oder zuschaute, dämpfte die Stimme.

Die Geburt wurde geheim gehalten vor den umstehenden Kühen und Ochsen, da diese sonst durch laute Beweise der Teilnahme die werdende Mutter beunruhigt und dadurch die Geburt erschwert hätten. Es kam ein großes, kräftiges Kalb, aber scheinbar tot, zur Welt. Wir Kinder sahen traurig zu, wie unser Vater, auf dem Stallboden neben dem Kalb kniend, sich sehr lange bemühte, das so gesund aussehende Tier ins Leben zu rufen. Er massierte kräftig mit Händen oder mit Strohbüscheln, drückte die Lungen zusammen und ließ sie wieder frei, alles vergeblich. Aber ein tierliebender Bauer gibt nicht so schnell auf.

Mein Vater machte einen letzten Versuch, den man heute vielleicht als Mund-zu- Mund-Beatmung bezeichnen würde. Den

Unterkiefer des Kalbes in der rechten, den Oberkiefer in der linken Hand, blies er in das weit offene Maul viele Male kräftig hinein. Doch dann flog ihm der sehr sorgfältig hinter den Backenzähnen verstaute Kautabak beim Blasen aus dem Mund und tief in den Rachen des Kalbes hinein.

Dieses fing an zu husten und mit den Beinen zu strampeln. Wir Kinder begannen sofort, die freudige Nachricht zu verbreiten, holten die Knechte aus der Scheune zurück, die sich längst entfernt hatten von der Stätte der vergeblichen Mühe. Auch Mutter und Großmutter, ältere Geschwister und Dienstmädchen wurden geholt, um sich mit uns zu freuen.

Das Kalb wurde später ein großer kräftiger Ochse, und es bekam den Namen „Prüntje“. Das ist in Nordfriesland die Bezeichnung für Kautabak.

Emmes Tod

Mitte Februar lenkte Emme das Gespräch oft auf ihren Tod. Sie wußte ja, daß ich noch nicht 23 Jahre alt und in den ersten Handreichungen nach dem Ableben eines Menschen unerfahren war. Sie erklärte mir, wie man die geöffneten Augen eines Toten sorgfältig schließen muß, wie der herabsinkende Unterkiefer bis zur Erstarrung mit einem Tuch gehalten wird.

Ich legte alles fertig, was ich ihr anziehen sollte, und ein gesticktes Überschlaglaken als Decke im Sarg. Der erste Kranz sollte auf die Füße gelegt werden.

Ich weinte dann wohl, aber Emme tröstete mich und sagte: „Das Leben ist so, es geht einmal zu Ende, die Hauptsache ist, daß man sich bemüht hat, gerecht zu sein.“ Am Morgen des 17. Februar 1925 um 3 Uhr ging Emme still von uns, nachdem ich noch kurz vorher mit ihr gesprochen hatte, da sie eine Wärmflasche wünschte.

Ich weckte Paul, und er holte ein Pferd aus dem Stall, um Vater und Mutter die Nachricht zu bringen, während ich das tat, was Emme mich gelehrt hatte. ...

Ich möchte nach 70 Lebensjahren sagen: Ich würde ein zweites Leben wieder so leben, mit allem Schweren, aller Arbeit, allem Verzicht, wenn nur ein Mensch wie Emme mir wieder beim Bau des Fundamentes helfen würde.

Weihnachten

... Doch eines Tages zeigte der Kalender eine 24. Im Halfdüstern hockten wir bald in der Küche, wo Emme Fortje´s backte, die abends gegessen wurden, und bald waren wir im Stall oder in der Knechtekammer, um zu sehen, ob nicht bald alle fertig waren. Das Warten war so schwer, es war das längste Halfdüstern des Winters. Vater und Mutter waren auch nicht da, es hieß, daß sie dem Weihnachtsmann helfen müßten. Als es klingelte und die Tür zum Wohnzimmer aufging, wurde es ganz still. Wenn wir auch täglich in den Schlafzimmern mit brennenden Kerzen zu tun hatten, so war es doch ein atemberaubender Anblick, wenn so viele auf einmal brannten. Der große, schöngewachsene Baum, die vielen Glaskugeln, Papierrosen, kleine herzförmige geflochtene Papierkörbchen mit goldenen und silbernen Nüsen darin, Weihnachtsmänner und Engel, und so viel, was man gar nicht in Worte fassen konnte. Wir mußten erst beten und alle sangen: Stille Nacht, heilige Nacht ...

Wir gingen ganz zögernd auf den Baum zu, was unserer Art sonst gar nicht entsprach. Was alles war für uns unter dem Baum aufgebaut! Für mich stand eine Sportkarre da, mit einer ganz großen Puppe drin im bunten Kleid, mit braunen Zöpfen und Schlafaugen. An der Rücklehne hingen Päckchen, daraus kamen hervor: ein brauner Mantel, ein rotes Samtkäppchen, ein blaues Kleid, Wäsche, Strümpfe, alles noch für die Puppe.- Später mußte ich einen Mantel anziehen, den der Weihnachtsmann auch für mich gebracht hatte. Er war schwarz, mit hellem Futter, silbernen Knöpfen, und hatte Plüschkragen und -aufschläge. Ich fand, daß er viel Ähnlichkeit mit dem pelzgefütterten Mantel von Doktor Ketelsen hatte, und er hieß dann auch nur Doktormantel, bis er nach Jahren ausgewachsen und im Rücken vom Tornister durchgeschlissen und gestopft, von der Tochter des Kojenwärters auf Ackerumhof weiter getragen wurde. Mutter hatte Mantel und Puppenkleider in vielen Abendstunden genäht, doch wurden alle diese guten Taten dem Weihnachtsmann zugeschrieben. Für Nikkels hatte er ein Fahrrad gebracht und eine Armbrust, Nanning und Paul ließen ihre aufgedrehten Autos durch die Stube sausen, saßen auf braunen Schaukelpferden und untersuchten die Baukästen und Gesellschaftsspiele.

Usche Meuche, Marret Buck und Marie-Luise Börmel

Föhrer Geschichten

Die erste Predigt

Es herrscht eine andächtige Stille im Altersheim. Der neue junge Pastor soll seine Antrittspredigt halten. Als er am Rednerpult steht und wahrnimmt, wie erwartungsvoll die Gemeinde zu ihm aufsieht, verlässt ihn der Mut. Die so wohl einstudierte Predigt ist ihm entfallen. Gut, dass er die ersten Sätze auswendig gelernt hat. Er holt tief Luft und ruft: „Fürchtet euch nicht!" – Pause. – Noch einmal, etwas lauter: „Fürchtet euch nicht!". Die Gemeinde scharrt mit den Füssen. In seiner Not beginnt der neue Pastor das dritte Mal: „Fürchtet euch nicht!". Eine alte Dame hat nun genug gehört: „Ja", meint sie, „Herr Pastor. Wir fürchten uns nun nicht mehr – aber nun fangen sie doch endlich an."

Andacht im Altersheim

Sie singen, beten und hören Gottes Wort. Nach der Andacht stellt die älteste Frau des Hauses – sie ist 104 Jahre alt – fest: „Es ist ja alles ganz nett, aber ordentliche Männer gibt es hier nicht.

Antiautoritäre Erziehung

Eine Föhrerin, Gertrude Okkens, reiste nach Kiel. Mit ihr in der Straßenbahn sitzt eine kleine, alte schwarz gekleidete Frau. Ihr gegenüber nimmt eine junge Mutter Platz und setzt ihren kleinen Sohn auf den Schoss. Der kleine Junge tritt der alten Frau unaufhörlich gegen das Schienbein.

Die alte Dame sagt der Mutter, dass es schmerze, und der Kleine möge doch bitte aufhören damit. „Nein", antwortet diese keck, „er entscheidet selbst, was er macht, er ist antiautoritär erzogen." Ein Student beobachtet die Situation und bewegt dabei nervös sein Kaugummi von einer Seite des Mundes zur anderen. Da die Mutter in der Tat nicht eingreift, mischt er sich ein. „Hören Sie , gute Frau, ich bin auch antiautoritär erzogen." Er holt tief Luft und spuckt ihr seinen feuchten Kaugummi - direkt in den Mund. Empört verlässt diese daraufhin die Straßenbahn. Die Mitfahrenden klatschen und sind sehr zufrieden.

Das Erbe

Oma Maria Ganzel aus Boldixum sitzt gemütlich mit ihrer Enkelin in der Stube. Das Kind schmust mit Oma und fragt plötzlich: „Oma, hast du schon gelebt, als es Dinosaurier gab?"

„Mein Kind" erwiderte die erstaunte Oma, „das ist schon sehr, sehr lange her, die sind doch schon ausgestorben."

„Oma", bohrte die Kleine weiter, „wenn du ausgestorben bist, darf ich dann von dir erben?" Oma Ganzel frage interessiert und amüsiert, was sie denn wohl erben wolle. Hierauf antwortete die kleine Enkelin stolz: „Dein Haarnetz, Oma!.

Hühner im Winter

Uli Eiper und Inge Beck, zwei kleine Freundinnen aus Wyk, machten sich, als der Winter nahte, grosse Sorgen um Becks Rodeländer Hühner.

Sie beratschlagten hin und her und begaben sich dann mit Eifer ans Häkeln und Stricken von kleinen Pullovern und Capes. Es gab ein riesiges Gegacker, als die Hühner eingekleidet wurden. Es war eine lustige Sache, als die Rodeländer Hühner so warm und bunt eingepackt im Hühnerhof spazieren gingen. Was mögen die Nachbarn und Eltern der beiden kleinen Mädchen dazu gesagt haben?

Peter Gottverdammich

Es gab in früheren Zeiten einen Mann mit dem Namen Peter Gottverdammich (Carstens). Vormittags saßen die Männer damals gerne zusammen auf der „Schipperbank“, um Neuigkeiten auszutauschen und zu klönen. Eines Morgens war für Peter Gottverdammich hier kein Platz mehr frei; aber er wusste Rat. Er lief hinunter zur Wasserkante, guckte in Richtung Musikpavillon und rief: „Gottverdammich, dor sitten doch tatsächlich de Deerns achtern Pavillon to schieten!“ Alle Männer kamen und reckten die Hälse – und Peter hatte Platz genug.

Musikalienhandlung in Wyk

Emil und Bäbbe Kalkbrenner besaßen in Wyk in der Carl-Häberlin-Straße eine Musikalienhandlung. Im Schaufenster stand ein großes Schild mit dem Hinweis: Bach, Beethoven, Händel nebst diversen anderen Schlagern eingetroffen. Der Nachbar von Kalkbrenner war Schlachter Ernst Albrecht Wriedt. Er erkundigte sich nach Bäbbes Wohlergehen, worauf sie antwortete: „Oha ne, oha ne, nicht so gut“. Schlachter Wriedt konnte seine Nachbarin so gar nicht aufmuntern. Er hatte gerade auf dem Schlachthof hinterm Haus eine Kuh geschlachtet, nahm das große Schlachtermesser, schnitt eine Zitze vom Kuheuter ab und steckte sich diesen in den geöffneten Hosenstall. Das Messer in der Hand, schlenderte er auf Bäbbe zu und fragte verschmitzt: „Bäbbe, kann ick di denn gornich helpen, damit du di een beeten beeter föhlen deist?" Bäbbe durchschaute die Situation, blickte gen Himmel und rief immer aufgeregter: „O, mein Gott – o, mein Gott". Meister Wriedt kam immer dichter und dichter und Bäbbe wurde immer verschämter. Er hielt inne, guckte an sich herab und meinte: „Is he alwedder rutkrapen, Mensch, dat geit doch nich" Und mit Schwung schnitt der „die Zitze" ab. In höchster Not schrie Bäbbe: „O Gott, nee, du verßündigst di, du verßündigst di."

Emil, Bäbbes Ehemann, liebte und verwöhnte seine ewig nörgelnde Frau. Nachts musste Bäbbe oft die Stiegen hinunterklettern, um auf das Klo im Hof zu gelangen. Emil bedauerte dieses sehr und ließ sich etwas einfallen. Er erzählte Uli Eiper von seinem Plan. Eines Tages wurde Uli zu einer Einweihung eingeladen. Als sie das Wohnzimmer betrat, sah sie, dass in der Mitte des Wohnraumes ein abgedecktes Ungetüm stand, das Bäbbe nervös umrundete. Voller Freude riss Emil mit Schwung und Elan das weiße Laken von dem rätselhaften Gegenstand. Zum Vorschein kam ein mit roten Fransen verzierter Nachtstuhl. Emil lud voller Stolz seine Bäbbe zum Probesitzen ein.

Ziemlich umständlich nahm Bäbbe auf dem Wunderwerk Platz. Im gleichen Moment hörte man ein leises Knistern und Knacken, dann ein lautes Bersten und Brechen von Holz: Bäbbe brach mit dem Monstrum zusammen. Ein Knäuel aus roten Samtfransen und strampelnden Waden in selbst gestrickten Strümpfen und Feinripp-Schlüpfer war kaum zu entwirren. Wer den Schaden hat – braucht für den Spott nicht zu sorgen. Die Ehe hielt noch lange – trotzdem!

Frühling auf Föhr

Das alte Ehepaar Cordsen schaute während des Frühstücks zum Fenster hinaus in den Garten. Opa Cordsen sprach aus, was er sah: „O, Mudder, nu kiek di dat mol an, de Scheedlandinseln kieken al rut; nu wart Fröhjohr!" Mutter Cordsen wusste, was gemeint war.

Sie hatte ja schliesslich die Eimer aus dem Plumsklo im Garten entleert und über den Beeten umgestülpt. Der Schnee, der erst alles verdeckt hatte, taute nun so langsam weg und zum Vorschein kamen die von Opa so treffend genannten „Scheedland-Inseln".

Nochmal: Das Plumsklo

Oma und Opa Behnke bewohnten ein Häuschen zwischen Drogerie Kohl und Juwelier Sörensen (heute Wyker Buchhandlung). Behnkes schliefen – so erinnern wir uns – selten in ihren Betten. Sie nickten viel mehr auf dem Küchenstuhl oder im Sessel ein. In der Küche watschelten 12 Jahre alte Enten umher, die bei Behnkes Gnadenbrot bekamen. Behnkes besaßen ein Lampengeschäft und dahinter eine kleine Elektrowerkstatt. Betrat man den Laden, um etwas zu kaufen, musste man sich schon die Sachen selber aus dem Regal holen und das Geld auf den Tisch legen (Behnkes waren wieder einmal eingenickt). Da die beiden schon sehr betagt waren, wurden sie von ihren Lehrlingen bei ihrer Arbeit tatkräftig unterstützt; auch was den Haushalt betraf. Waren z.B. die Eimer der Plumsklos gefüllt, beauftragte man die Lehrlinge, den Inhalt dieser Eimer von der Mittelbrücke ins Meer zu schütten. Im Winter - und es gab damals wohl noch härtere Winter – kamen die Lehrlinge einmal unverrichteter Dinge wieder zum Haus zurück. Was war geschehen? Ganz einfach: Der Inhalt der Eimer war auf dem Weg zur Brücke gefroren. Frau Behnke war eine patente Frau, die wusste Abhilfe. „Stell′ den Eimer man auf den Herd und wärm alles gut auf, mein Jung." Das Problem war gelöst. Nun mussten die Lehrlinge aber schnell wieder zur Mittelbrücke, um den Eimer doch noch „entsorgen" zu können...

Hugo Hinrichsen

Es gab in Wyk in der Mittelstraße, gleich links neben dem schmalen Gang, eine kleine Schreibwarenhandlung. Der Besitzer war Hugo Hinrichsen. Während des Krieges führte Hugo nur einen kleinen Bestand an Schreibheften, Bleistiften und was wir Kinder sonst noch so alles brauchten. Äußerte man in dieser Zeit einen Wunsch, so antwortete Hugo mit kläglicher Stimme: ...leider, mein Kind." Diese Situation änderte sich nach der Währungsreform immens. Hugos Laden war mit allem Möglichen, das ein Kinderherz höher schlagen ließ, gefüllt. Es gab sogar Comics.

Hatte man nun eine Bitte, antwortete Hugo mit der gleichen kläglichen, etwas näselnden Stimme: „Gerne, mein Kind! Sollst du haben, mein Kind." Seitdem und von nun an hieß Hugo – „Hugo leider" / „Hugo gerne".

Als nun Hugos Frau, seine lütte Puppe, wie er sie zu nennen pflegte, starb, machte Hugo seiner Nachbarin, unserer Mutter, den Hof. Er stellte sich vor sie hin (er war nicht gerade ein Adonis, sondern ein Mann von kleinem, eher schmächtigen Körperbau) spreizte den kleinen Finger jeder Hand ab und zeigte mit diesen ab Hüfte abwärts. Dabei näselte er: „Frau Specht, ich bin noch ein ganzer Mann, ab hier ist bei mir noch alles in Ordnung, ich kann noch so manch eine kleine Frau beglücken..." Unsere Mutter verließ fluchtartig das Haus, denn sie hatte mit ihrem eigenen Mann genug zu tun.

Das Wyker Strandhotel

Unsere Ururgrossmutter, Stine Peter Axen, war die Besitzerin einer kleinen Kneipe. Das Haus war damals ein kleines Reetdachhaus mit dem Spitznamen „Dat lüttje Superloch". Stine Peter Axen war eine tüchtige lebensfrohe Frau, die trotz harter Arbeit immerhin fünt Ehemänner überlebte. Ihre einzige Tochter Louise war unsere Urgrossmutter, die den Kaufmann Heinrich Boysen heiratete. Gemeinsam bauten sie das Haus der Mutter um zu einem stattlichen Bau im Jugendstil, das Strandhotel in unserer Kinderzeit (leider existiert es heute in dieser Form nicht mehr). Unser Urgroßvater, Heinrich Boysen, war ein Mann von großer Willenskraft und Tatendrang. Er stecke voller Ideen, jede technische Neuigkeit begeisterte ihn. Er war es, der den ersten Fernsprecher auf die Insel brachte. Es musste eine bestimmte Anzahl von Telefonanschlüssen abgenommen werden. Kurzentschlossen warb er selbst um Teilnehmer. Den ersten Fernsprecher besass er dann selbst – im Strandhotel. Dieses Telefon hing in einer Nische an der Wand. Einmal wurde ein Gast des Hotels am Fernsprecher verlangt. Er ergriff den Hörer, machte tiefe Verbeugungen und brüllte voller Lautstärke: „Ick hier – wer dor?" Sein Kopf war hochrot vor Aufregung; natürlich hatte der Teilnehmer am anderen Ende gar keine Chance zu Wort zu kommen. Heinrich Boysen verwirklichte noch einen seiner Träume: Er baute eine Wildentenkonservenfabrik im Herzen von Wyk (unser Bruder Harro erstellte daraus das heutige Speiselokal „Lüttje Kök“, Westerstrasse/Mittelstrasse, Am Rosenbeet). Hein kaufte Anteile von Vogelkojen auf Föhr. ZB. von Ackerum-Hof, Rantum auf Sylt, Amrum und Nordstrand. Auf Pellworm baute er nach holländischem Muster mit mehreren Holländern als Teilhaber Sebo de Cock Woldringh und dessen Verwandte Meinardus und Jan, eine Vogelkoje, die wohl noch heute in unserem Besitz ist. Zeitweilig wurden dort mehrere tausend Enten wöchentlich gefangen und in der Konservenfabrik in Dosen eingekocht. Die Konserven waren sehr begehrt, sogar bis in die Tropen wurden sie verschickt. Bei der Verarbeitung der Enten fiel natürlich auch Entenklein ab, das Boysens verkauften.

Eheleute Boysen

Ein Gedicht von einer Verehrerin des Entenkleins ist uns noch erhalten:

Wer Entenklein und Rotkohl isst,
der denkt nicht mehr an Morgen!
Er alle Unbill schnell vergisst.
Er macht sich keine Sorgen.

Für 50 Pfennig kauft man schon
12 Köpfe und die Mägen,
die Leber kriegt man mit zum Lohn
das kann man wohl vertragen.

Frau Boyens ist die Wunderfrau,
die hat herausgefunden,
wie jedem in dem Alltagsgrau
das Entenklein tut munden!

Es ist so billig angesetzt,
dass jeder es kann haben
und jeder sich daran ergötzt
der Ärmste kann es haben.

Ein Hoch der Entenmacherei.
Wir alle wollen hoffen,
dass die Fabrik für uns noch sei
recht lange, lange offen.

Es gibt von der Pellwormer Vogelkoje noch eine nette kleine Geschichte. Ein Holländer, Peter van Gunst, war der Kojenwärter dieser Koje. Er bewohnte mit seiner Frau Meike und zwölf Kindern eine Bauernstelle (die Koje gehörte dazu) zwischen Koje und Deich. Heinrich Boyens siedelte dort auf den guten Weiden eine grosse Anzahl von Hühnern an. Mit den Eiern wollte Hein die Zeit, bis die ersten Enten gefangen wurden, überbrücken. Peter van Gunst brauchte mit der Familie selbst ein Grossteil der Eier, den Rest verkaufte er. Louise Boysen schrieb einen energischen Brief. Darauf schickte Peter folgende Zeilen, die viel belacht wurden: „Liebe Frau Boysen! Meine Frau, was Meike ist, faßt die Hannen idern Tag na dat moors, maar dar kommt niets denn kacke!

Wenn wir als Urenkel zusammensitzen, kommt das Gespräch oft auf unsere Urgroßeltern. Durch ihre Vorausschau und Tüchtigkeit bekamen wir alle ein gutes Fundament, auf dem man aufbauen konnte. Das Ehepaar Boysen hatte neben unserer Großmutter Otilie noch eine jüngere Tochter; diese war taubstumm und erkrankte mit 18 Jahren sehr schwer. Niemand konnte ihr helfen. So fuhr Louise kurz entschlossen nach Hamburg zu einer Wahrsagerin. Die sah beim Kartenlegen viele Flügel und irgendwelche Dinge, die flogen. Nach kurzem Überlegen fiel Louise die Entenkonservenfabrik mit den vielen Federn ein. Außerdem sah die Wahrsagerin eine dunkle Masse vor Boysens Villa Flora in der Badestraße. Louise war ratlos. Die Badestraße hieß früher „Reeperbahn" und bestand aus grauem Sandboden. Zunächst wusste Louise nicht, was die Wahrsagerin meinte. In der Abwesenheit der Mutter litt das kranke Mädchen sehr unter den Erschütterungen, die die Fuhrwerke auf der Reeperbahn verursachten. Aus Fürsorge hatten die Nachbarn die Straße mit dunklem Blasentang belegt, so dass die Erschütterungen gedämpft wurden.

Anna-Marie Holm

Unse Kinnertied

Inne Middelstraat, ünnern Glockenturm worn wi geborn
Un dat ist een schöne Kinnertied för uns worn.
Wie beiden Sösters un een groten Broder, so weern wi Dree
Un Tante Mariechen wahnte ock in de Näh.
Wenn uns Modder mal utfull, weer Tante Mariechen nich wiet,
se weer för uns een tweetet Tohuus inne Kinnertied.
Uns Vadder harn Laden, un wie mussen öfter mal
Loopjung speelen dorför,
de Post halen oder Woren utbringen, weer denn ok
keen grotes Malheur.
Wi mussen den Kram mit de Blockwaag wegkoorn,
ganz na Boldixum oder na de Südstrand henfohrn.
Na dat helpen wussen wi immer wohenn
Hier in den Wyk, wo alle sick kenn.
To Ostern weern die Kinner op Heymanns Staben,
mit en Schleuder kemen die Eier am höchsten na baben.
Un dann, in Sommer na de Habenstrand dal,
ob Floot oder Ebbe, dat weer uns egal.

1932. v.l. hintere Reihe: Uwe Richter, Hanni Bohn, Anneliese Hansen, Erich Kröger, Anna-Marie Holm. Vorne: Ulrike Eiper, Elke Richter, Emmy Holm, Liesel Johannsen

Kunnst bi Floot inne Nordsee baden
oder anne Strand rumgammeln
Un bi Ebbe de Nabbers in een Ammer sammeln.
Un dann keem de Damper – pro Dag man blos een,
wi hen to kieken, wer dor wohl mitkeem.
Dann kemen de Böde von „Lusttour" torüch
Un fohrten toerst anne Middelbrüch.
De Gäste rut un dann de ganzen Gören an Bord –
Rum na de Haben ging dann de Fohrt.
Inne Winter dann mit de Schleed na de Dieck hengahn.
Dor weer de allerbeste Rodelbahn.
Oder op Isschollen de Küst langjumpsen,
kunnst ok mal dorbi mit de Fööt int Water plumpsen.
Opn Königsgoorn weer dat Schlittschoparadies –
soveel Kinner door, kunnst die högen.
Un dann naher biet E-Werk annt dicke Rohr
de Händschen drögen.
Wi wussen immer wohenn un wann.
Sündag naht Middag wer de Sündagschool dran.
Wenn Liese Grabe Geschichten vertellt,
un dann ok op dat Harmonium speelt.
Wi harn nich blos Frietied –
na de School mussen wi ock mal henkieken –

Anna-Maries Geburtstag 1933, v.l.n.r. Hanni Bohn, Anna-Marie Holm, Inge Beck, Anneliese Hansen, Elke Richter, Emmy Holm, Rosemarie u. Annegreth Frerksen, Ulli Eiper

Tein lange Johrn weern door aftorieten.
Wi harn dat nich wiet, man een por Schritt um die Eck to gahn –
Dat weer dat eenzig Positive an den Kram!
All noch in Erinnerung:
Egon un Wentorp un ween ik sonst noch weet...
Ach ja – Töbelmann,
de immer mit dat Schlötelbund na uns schmeet.
Dat geef noch soveel to vertellen:
In Halfdüstern anne Sandwall „Räuber un Schandiedel" speelen,
un Springtau, un löpern, un Rollschoh loopen
oder –beförd int Kino ging-
bi Emil Petersen förn Groschen Negergeld koopen.
Wi weern ant Stickelbeern plücken inne Goorn,
un schön weer dat, unse Poppen uttofohrn.
Wi hem ok Umtakeln speelt mit ole Klamotten,
un annern makten „Kinnertheater" –
weern dann de Hottentotten.
Uns Vadder weer von de Füerwehr de Hauptmann,
de Brandmeldungen keemen immer bi em erst an,
un wennt brennt, mussen wie los un rut,
mit een Tuthorn de Straat lang: Tut – Tuuut, tut – Tuuut.
Na ja, irgendwann weer die Kinnertied vörbi – – –
Aber vergeten hem wi se nie!

Annelene Goltermann

Herbst auf Föhr

Verhangen graue Nebeltage
und jedes Blatt ein schmerzlich „Ach“ –
verfaultes Laub und feuchte Pfade,
peitschender Regen auf dem Dach.
Und Baum und Bäume bis zum Boden
sich unter Stürmen ächzend biegen
und Wolken schwer und dunkel droben,
wie schwarze Segel lautlos fliegen.
Aus kahlen Ästen einer Linde
ertönt noch später Vogelsang,
fremd und entlaubt die Hintergründe,
vernimmt das Ohr den süßen Klang.
Der Sommertage letzte Schönheit
mit diesem kleinen Lied verweht
und wie der Strahl der Abendsonne
am dunklen Herbststrand untergeht.

Erntebild
(1940)

Bald sind die Felder wieder leer,
schon sind die Garben fest gebunden
und stehen schweigend wie ein Heer.
Die Ähren hängen ernteschwer
und träumen noch von Sonnenstunden.
Leuchtender Glanz liegt auf dem Feld,
doch Wehmut lässt das Herz erbeben,
der Tod ist's der die Ernte hält.
Ein Trost, - der Halm der durch den Schnitter fällt,
birgt in sich schon den Keim zu neuem Leben.

Poesie

Sonnenstrahl, du heller goldner Schein,
lässt dich über bunte Blumen hängen,
die sich öffnend dir entgegen drängen,
ganz als müsste es so sein.

Und aus ihren bunten Blütenkelchen
nimmst den Tau, der noch vom Morgen blieb,
der wie Tränen glitzert, die der Nachtwind trieb
in die Sternenaugen dieser holden Elfen.

Dann, in ihrem Duft sich lächelnd wiegend,
sind sie diesem Tag sehr zugetan
und nach einem wohldurchdachten Plan,
locken Bienen sie, die suchend sie umfliegen.

Sonnenstrahl, was hast du angericht'
als du dich so ganz zu ihnen neigtest
und in deinem Schein die eigne Schönheit ihnen zeigtest –
das ahntest du wohl selber nicht - ?

Trost

Hinter den Wolken glänzen auch Sterne –
zaghaftes Herz, vergesse es nicht!
Schimmernde Bläue, durchsichtige Ferne
schwingen sich heiter um dein Gemüt.

Doch hinter den Wolken, verschwiegen und einsam,
Geheimnisse hütend, warten sie deiner.
Wandre gelassen, weglos ist keiner, -
unter Gesetzen lebt es sich gut.

Draußen

Vor meiner Haustür fegt der Wind das Laub,
die Blätter scheint es zu vergnügen,
sie wirbeln hoch, sie fliegen,
bis matt sie dann auf feuchten Wegen liegen.
Ein trüber Tag?
Wenn auch kein Vogel singt,
der Himmel färbt sich bunt
und in den kahlen Zweigen spielt sein Licht.
Wolken türmen sich im Hintergrund,
sie wandern und jede hat ein andres Gesicht.
Wenn auch ein Rabe schon durch Hecken streift
und Schatten wie schwarze Silhouetten
immer länger sich ausstrecken.
Ein munteres Schnattern kommt vom Ententeich
und um mein leeres Blumenbeet
ein Igel seine Runden dreht,
mit seinen kurzen Trippelschritten.
Und an der alten Mauer, mitten
zwischen welken Büschen,
noch blühend eine Rose steht.
Ein trüber Tag? Ich mein mitnichten!
Man sitzt im Sessel, liest Geschichten
und möcht' am liebsten selber dichten!

Winterende

Wie ist's mir heut so wunderlich,
die Luft so lind und lau.
Der Wind umfächelt mein Gesicht,
so sanft kannt' ich ihn lange nicht
und fort ist alles Grau.

Viel Sonne liegt breit auf dem Feld
und sieh, es schimmert grün.
Verändert ist die ganze Welt,
was sich auch noch entgegenstellt,
bald werden Blumen blühen.

Ich pumpe meine Lungen voll,
die Luft berauscht wie Wein,
fort mit den Tränen wehmutsvoll,
nur glücklich denken, hoffnungsvoll,
wie's nun bald wird sein!

Ich muß hinaus, ich stürm hinaus,
heut muß ich Menschen sehn!
Ob die und ich, ob alle wohl
dies Wunder ganz verstehen?

Abschied

Ruhlos und unruhvoll geht der Tag,
letzter Sturm zerrt an den Bäumen,
Abschied, das Wort das ich nicht hören mag,
lasst mich doch weiter träumen.
Sommer, du warst so warm und hell,
Herbst, du gabst Früchten die Süße-
Alles vergangen, vergessen so schnell,
nur lose Blätter als Grüße.
Ruhlos und unruhvoll wie diesen Tag
Spür' ich auch meines Herzens Schlag.

NordenMedia. Aus unserem Verlagsprogramm:

Rinder Poevieh – Die schönsten Kuh-Gedichte
von Thomas Block, illustriert von Olaf Sebening
Bekannt aus Presse und TV (ZDF Cash, Pro7 TV-Total, SAT1 Frühstücksfernsehen etc.) Stefan Raab urteilte: „Das sind dann auch so Sachen, die ein bisschen mit der Sexualität der Kühe spielen...“
ISBN 3-935347-04-9

Der Waldkindergarten von Kirsten Bickel
Was genau ist ein Waldkindergarten, woher stammen Idee und Konzept, welche päd. Ziele werden verfolgt und wie sieht das alles in der Praxis aus?
Mit Praxisbeispiel „Naturkindergarten auf Föhr“
ISBN 3-935347-01-4

Wim's Kochkacheln, Seeluft macht hungrig!
vonWim Lambersy. Der Küchenchef weiht Sie ein in seine kleinen Geheimnisse, oft erprobt und täglich serviert an der Nordsee!
ISBN 3-935347-02-2

Letztes Jahr auf Föhr – Eine erotische Novelle
von Reh van Berg. Reh van Berg skizziert das Leben eines Malers, hin- und hergetrieben zwischen Föhr, München, Mainz, Berlin, Bregenz, zwischen Lea, Katja, Maria, Alexandra.
Zwischen Ebbe und Flut.
ISBN 3-935347-03-0

Föhr - Die CD-ROM
von Peter Hilber. Eine multimediale Bildershow über eine der schönsten Inseln der Welt. Mit Infoteil, Kalender, Internet, Spiel etc. – Ab Windows 95.
ISBN 3-935347-00-6

Und wovon träumst du nachts? Erinnerungen an eine Kindheit zwischen Wunsch und Wirklichkeit.
von Ove E. Rasmuss. Ove erlebt in seinen Kindertagen Menschen und Meinungen, die ihn immer wieder an den Rand seiner kleinen menschlichen Gesellschaft drängen.
ISBN 3-935347-07-3

Elli – Von mir und meinem Leben will ich heute erzählen
von Elli Schiemann.
Eine achzigjährige Frau berichtet aus ihrem Leben.
ISBN 3-935347-08-1